HISTOIRES
MIRACULEUSES

QUÉBEC INSOLITE

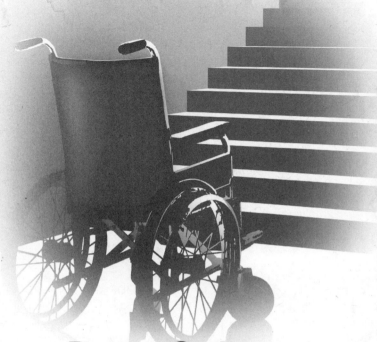

Danielle Goyette

HISTOIRES
MIRACULEUSES

ÉDITIONS
MICHEL
QUINTIN

Catalogage avant publication de Bibliothèque et Archives
nationales du Québec et Bibliothèque et Archives Canada

Goyette, Danielle, 1957-

Histoires miraculeuses

(Québec insolite)
Comprend des réf. bibliogr.
ISBN 978-2-89435-498-8

1. Miracles - Québec (Province). 2. Guérison par la foi - Québec
(Province). 3. Guérison par l'esprit. I. Titre. II. Collection: Québec
insolite.

BL487.G69 2010   202'.11709714 C2010-941604-X

Édition: Johanne Ménard
Révision linguistique: Paul Lafrance
Conception graphique: Céline Forget et Sandy Lampron
Mise en page: Sandy Lampron

Gouvernement du Québec – Programme de crédit
d'impôt pour l'édition de livres – Gestion SODEC

La publication de cet ouvrage a été réalisée grâce au soutien financier du
Conseil des Arts du Canada et de la SODEC. De plus, les Éditions Michel
Quintin reconnaissent l'aide financière du gouvernement du Canada par
l'entremise du Fonds du livre du Canada pour leurs activités d'édition.

ISBN 978-2-89435-498-8

Dépôt légal – Bibliothèque nationale du Québec, 2010
                   Bibliothèque nationale du Canada, 2010

© Copyright 2010
Éditions Michel Quintin

C.P. 340
Waterloo (Québec)
Canada J0E 2N0
Tél.: 450 539-3774
Téléc.: 450 539-4905
editionsmichelquintin.ca

10-GA-1

Imprimé au Canada

*À toi, mon frère René,
copain de jeux et d'histoires inventées,
tu as éveillé mon imaginaire
et égayé mon enfance
de miraculeux petits bonheurs.*

« *Ce qu'il y a de plus incroyable dans les miracles,
c'est qu'ils arrivent.* »
Gilbert Keith Chesterton

« *Après tout, qu'y a-t-il dans l'existence
de plus vrai qu'un miracle...* »
Gabrielle Roy

« *Le vrai miracle n'est pas de marcher sur les eaux
ni de voler dans les airs,
il est de marcher sur terre.* »
Houeï Neng

Avertissement

Les faits et opinions ici publiés n'engagent en rien l'éditeur ni l'auteure et ne concernent que les témoins cités.

Certains noms et lieux ont été changés ou présentés de façon évasive dans le but de préserver l'anonymat de certains témoins.

Nous tenons également à souligner que les propos tenus dans les rubriques Le coin du… ne livrent pas des « diagnostics » liés directement aux témoignages cités dans ce livre, mais tentent plutôt d'apporter un point de vue différent sur le sujet. Il va sans dire que ces rubriques peuvent être liées à plus d'un cas relaté dans ce livre.

TABLE DES MATIÈRES

INTRODUCTION

Oratoire Saint-Joseph,
Montréal, décembre 2002

« À vous, gens de l'Oratoire Saint-Joseph, je vous fais parvenir cette lettre pour témoigner de ma reconnaissance et de ma foi envers saint Joseph et le frère André. Ils ont accompli un miracle pour nous.

Le matin du 23 décembre 2002, entre 6 h et 7 h, nous avons vécu un événement inattendu et brutal. Le feu faisait rage dans le garage tout à côté de notre maison. C'est un voisin qui est venu nous tirer de notre sommeil pour nous en aviser. Le feu était puissant et la chaleur des flammes, impressionnante. Nous étions bien paniqués car le feu gagnait de plus en plus le mur de notre maison. J'étais sous le choc. Je craignais d'y perdre ma maison, je me demandais ce que je pouvais faire, c'était une question de minutes avant que ma maison prenne feu elle aussi. Il fallait agir, mais comment ? Une seule solution m'est alors venue en tête, c'était le frère André. J'ai serré dans mes mains son image avec une foi profonde, je l'ai prié avec force, l'implorant de sauver notre maison et j'ai frotté les murs avec cette image. J'avais une foi inébranlable en lui et je croyais aux miracles.

Quelques secondes après mon intervention auprès du bon frère, je suis sortie de la maison pour voir mon mari se diriger vers moi en me disant que le feu avait tourné de bord. Il *ne touchait plus du tout la maison. C'était incroyable mais vrai. Le frère André avait intercédé pour moi auprès de saint Joseph. J'ai senti sa force et je savais que c'était lui qui avait répondu à ma prière.*

Le jour suivant, il y avait des preuves de l'intensité du brasier qui avait failli détruire notre maison. Certaines parties du revêtement extérieur avaient commencé à fondre avant que le feu change de direction.

Je demeurerai éternellement reconnaissante de ce qu'il a fait pour nous. Je veux le remercier, le faire connaître pour que tous sachent qu'il est très fort. Le frère André est toujours là quand on le demande.

J'ai foi en lui pour le reste de ma vie.

Merci au frère André ! »

Une dame de Charlevoix[1]

Miracles et histoires miraculeuses... Combien de fois assiste-t-on à des événements qui se produisent comme par miracle, que l'on ne s'explique pas et qui nous fascinent? Des gens survivent *miraculeusement* à des accidents spectaculaires où ils auraient dû trouver la mort, d'autres trouvent *miraculeusement* la guérison par la force de la pensée, certains voient *miraculeusement* leurs ferventes prières réalisées. Dans le *Thresor de la langue françoyse*, un des premiers dictionnaires paru en 1606, Jean Nicot donne cette définition du miracle: «Un cas, lequel advenu ravit en admiration ceux que le voyent ou en oyent le recit, pour en estre la cause du tout, et purement divine, et non des naturelles. Ainsi dit-on, Jesus Christ, les Saints et Sainctes avoir fait de grands miracles[2].»

On comprend que le mot «miracle» en touche profondément plusieurs, en intrigue certains et donne de l'urticaire à d'autres. Certaines personnes se montrent, quant à elles, très réticentes à ce que l'on banalise aussi aisément l'usage du terme «miracle», afin de désigner n'importe quel phénomène exceptionnel ou inexpliqué. Pour ces gens, les miracles sont indissociables d'interventions divines accomplies par l'intermédiaire d'un saint, d'un bienheureux ou d'un représentant religieux en communion étroite avec un saint ou Dieu. De notre côté, question de ne pas restreindre notre approche en ce qui a trait aux miracles et à leur définition, nous avons convenu d'en aborder différentes perceptions sans entrer au cœur de ce débat.

Plongez-vous dans ces histoires miraculeuses hors du commun, que nous avons choisi de vous présenter en trois catégories: la force des prières, la force de la pensée et la force de la vie. Que penser de ces ardentes prières qui ont guéri tant de malades condamnés jusqu'à ce jour? Une multitude d'histoires miraculeuses liées à la force des prières ont traversé les siècles et peuplent abondamment notre imaginaire. Quels types de miracles permettent à un être bienheureux d'accéder à la sainteté? Découvrez l'histoire du frère André de l'Oratoire Saint-Joseph, de mère Émilie Gamelin, de sainte Anne de Sainte-Anne-de-Beaupré et de la Vierge de Notre-Dame-du-Cap. Vous verrez, le Québec recèle son lot d'êtres d'exception vénérés pour faveurs obtenues. Quant à la force de la pensée, elle dépasse tellement l'entendement que même les scientifiques ne s'expliquent pas comment certains ont pu survivre à un cancer alors que les médecins n'y voyaient plus aucun issue. Finalement, à certains moments de notre existence, la force de la vie se fait elle aussi si puissante qu'elle génère des miracles fous, sinon comment pourrait-on survivre à une chute de 4 000 m sans y laisser sa peau?

Que vous soyez croyant ou non, soyez assuré que ce livre vous entraînera dans les coulisses d'un insolite bien singulier, là où des faits miraculeux dépassent l'entendement.

PARTIE 1

LA FORCE
DES PRIÈRES

Il y a des moments dans la vie
où l'on a besoin de plus grand que soi.

Des moments où l'on sent le besoin
de s'agenouiller humblement
et de demander l'aide ultime.

Alors, parfois, la prière est plus forte que la mort,
parfois, la prière est plus forte que tout.

QUELQUES MIRACLES DANS L'HISTOIRE CHRÉTIENNE

« Un miracle, c'est un événement qui crée la foi. »
George Bernard Shaw

En l'an 993, l'évêque Lutolf d'Augsbourg, en Allemagne, présente à l'assemblée des évêques un document important sur la vie et les miracles de son prédécesseur Uldaric[3] (v. 890-v. 973). Après examen, l'assemblée convient que ce dernier mérite les honneurs réservés aux saints. Par décision du pape Jean XV à Rome, Uldaric d'Augsbourg devient ainsi le premier catholique à être officiellement canonisé[4].

Cependant, pour l'ensemble des chrétiens, il faut remonter à la création de l'univers pour parler de miracle, car cette intervention divine elle-même, d'une splendeur inégalée, demeure à leurs yeux LE premier miracle. Par la suite, dans le livre de l'Exode, le passage de la mer Rouge par Moïse et ses disciples constitue un autre bel exemple de miracle divin.

 « L'Éternel dit à Moïse : Pourquoi ces cris ? Parle aux enfants d'Israël, et qu'ils marchent. Étends ta main sur la mer, et fends-la ; et les enfants d'Israël entreront au milieu de la mer à sec. »

Exode, chapitre 14, versets 15 et 16

Saint Uldaric, premier catholique à avoir été canonisé.

Bien sûr, on ne peut non plus passer sous silence les miracles attribués à Jésus à son époque «terrestre». Que ce soit l'eau changée en vin, la multiplication des pains et des poissons, la guérison des lépreux, la résurrection des morts et sa marche sur les eaux, les miracles du Christ demeurent parmi les plus connus.

 «Lorsque Jésus fut près de la porte de la ville, voici, on portait en terre un mort, fils unique de sa mère, qui était veuve. [...] Le Seigneur, l'ayant vue, fut ému de compassion pour elle, et lui dit: Ne pleure pas! Il s'approcha et toucha le cercueil. Ceux qui le portaient s'arrêtèrent. Il dit: Jeune homme, je te le dis, lève-toi! Et le mort s'assit et se mit à parler. Jésus le rendit à sa mère.»

Évangile selon saint Luc, chapitre 7, versets 12 à 15

Du côté de l'Église orthodoxe, la Sainte Lumière de Jérusalem est une manifestation qui provoque beaucoup d'étonnement et qui attire des foules pieuses et curieuses chaque année, depuis des temps anciens – on en parle même dans les écrits du IXe siècle. Ce miracle se produit chaque Samedi saint dans l'église orthodoxe de la Résurrection qui abrite le Saint Sépulcre. Ce jour-là, on éteint toutes les lumières à l'intérieur de l'église de la ville sainte et on assiste dans les minutes qui suivent à l'apparition de la Sainte Lumière qui jaillit du tombeau de Jésus pour venir y allumer miraculeusement une petite lampe à l'huile, affirme-t-on. Les pèlerins enflamment ensuite leurs cierges à cette lumière miraculeuse. Depuis de nombreuses années, une multitude de témoins racontent tous de façon similaire cet événement miraculeux récurrent.

L'église orthodoxe de la Résurrection, à Jérusalem.

Le Verbe s'est fait chair

Un autre miracle digne de mention a eu lieu au début du VIIIe siècle à Lanciano, en Italie. Après avoir consacré le pain et le vin, un moine se met à douter du fait que ceux-ci puissent réellement se changer en corps et en sang du Christ. Or, au même moment, il voit soudain l'hostie se transformer en morceau de chair et le vin adopter la forme de cinq caillots de sang. Depuis, des analyses faites sur les deux substances ont démontré le miracle. Les deux matières sont bien de la chair (de cœur humain) et du sang humain.

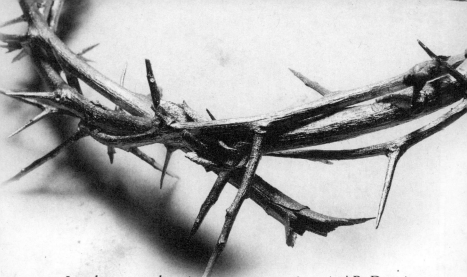

Les deux sont du même groupe sanguin, soit AB. Depuis le 17 février 1574, ce miracle eucharistique est exposé en l'église Saint-François de Lanciano.

Stigmates et odeur de sainteté

Autre phénomène miraculeux plutôt fascinant, les stigmates, des marques aux mains, au front et aux pieds évoquant les blessures du Christ en croix, ont également traversé le temps et ému les dévots. Le premier stigmatisé connu serait saint François d'Assise[5] qui, aussitôt après sa mort, aurait présenté de telles entailles. Depuis, de tels phénomènes sont apparus à plusieurs reprises, notamment chez des gens très pieux.

Quant à l'odeur de sainteté, elle imprègne la dépouille d'un représentant de l'Église qui ne se décompose pas. En plus de ne dégager aucune odeur désagréable de putréfaction, le corps du défunt s'enveloppe d'une agréable odeur de myrrhe. Le plus ancien cas du genre remonte à l'an 155 alors que l'évêque Polycarpe, après sa mort, «dégageait une odeur d'encens et d'épice précieuse[6]». Le corps se conserve aussi presque intact d'année en année. Sainte Thérèse d'Avila (morte en 1582, plusieurs reliques de son corps sont dispersées dans le monde), sainte Claire d'Assise (dont le corps se conserve depuis plus de 800 ans) et sainte Bernadette Soubirous (décédée en 1879, dont le corps toujours intact repose dans une châsse de verre et de bronze à Nevers, en

France) en sont de bons exemples. De tels phénomènes sont toujours impressionnants à observer. Plus près de nous, on peut parler du corps du frère André qui, semble-t-il, aurait lui aussi traversé les années sans subir les affres de la décomposition.

Les cas de suintement

Les suintements d'icônes ou de statues continuent de susciter beaucoup de fascination, bien que certains se révèlent finalement être des canulars. Ce fut le cas chez nous en 1986 à Sainte-Marthe-sur-le-Lac, alors qu'un homme apposait lui-même de la graisse et du sang sur une statue dans sa maison, que la chaleur des cierges faisait fondre. Par contre, d'autres événements restent inexpliqués. Dans le monde, un des cas intéressants demeure celui de l'icône de la Vierge de Kazan, dans une maison du quartier de Soufanieh à Damas, en Syrie, qui, le 27 novembre 1982, s'est mise à suinter de l'huile parfumée. Quelques jours auparavant, le 22 novembre, Myrna, jeune femme vivant dans la maison, avait vu ses mains et son visage suinter de cette même huile de sang. Ces manifestations se sont prolongées jusqu'au 26 novembre 1990.

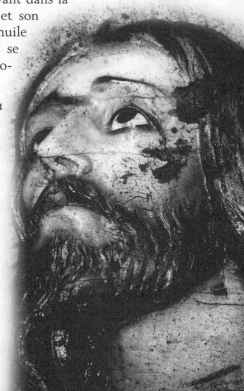

De retour au Québec, bien peu de gens ont entendu parler de l'histoire du Centre Notre-Dame de la Salette, survenue dans les années 2000 et restée secrète à l'époque. C'est que le centre de prière où ont été vécus des phénomènes de suintements voulait éviter la visite de curieux. Ses responsables nous en parlent enfin aujourd'hui.

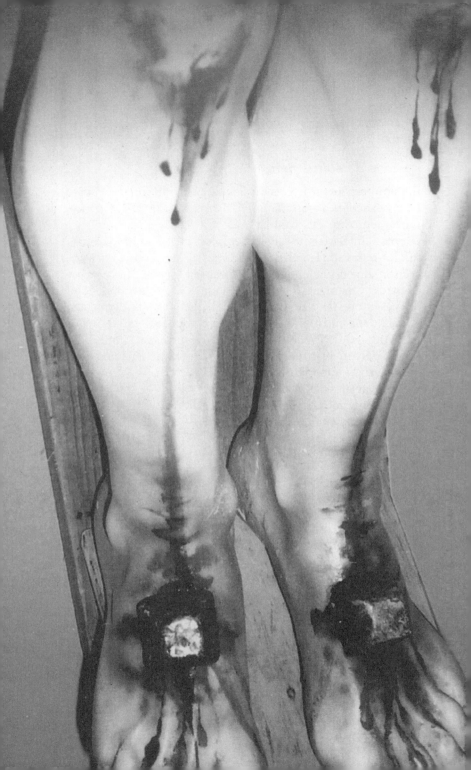

DES STATUES QUI SUINTENT ÉTRANGEMENT

« Il y avait des petits creux
dans ses bras repliés
remplis d'huile rouge. »
Michel Marcotte

Notre-Dame de la Salette est un paisible centre de prière à Chicoutimi. Les fidèles s'y retrouvent pour partager des moments de foi. Michel Marcotte, titulaire d'une maîtrise en théologie et animateur de pastorale laïc, fonde ce centre le 1er novembre 1991. Le 19 septembre 1993, plus de 300 personnes y célèbrent déjà l'eucharistie, pour le jour de la fête de Notre-Dame de la Salette. Avec les années, le centre accueille de plus en plus de fidèles.

 « De l'huile coulait de ses yeux comme des larmes. »

Puis, le soir du 21 septembre 2000, un événement surprend. La statue de la Vierge verse des larmes. Témoin du fait, Michel Marcotte nous le raconte. « J'étais en compagnie d'un prêtre[7] et de mon épouse. En entrant dans la chapelle du centre de prière, une odeur de parfum de rose très agréable nous a étonnés. Nous nous sommes approchés de

Statue de Jésus suintant une huile rouge sang au Centre Notre-Dame de la Salette, à Chicoutimi.

la statue de la Vierge pour vite constater que celle-ci suintait. De l'huile coulait de ses yeux comme des larmes.

Bien que très étonnés par la chose, nous avons cru bon de ne pas ébruiter ce fait pour ne pas attirer de curieux. »

Un message

Quelques années passent sans autre manifestation. Puis, le 23 mars 2003, cela se produit à nouveau. C'est la semaine où la guerre en Irak éclate. Une autre statue de la Vierge de Notre-Dame de la Salette pleure. « Cette fois-ci, les larmes d'huile étaient couleur sang. Trois Haïtiens venus étudier la prêtrise au Québec et deux prêtres étaient avec moi.

C'était en fin de soirée. Avant d'aller dormir, l'un des deux prêtres retourne prier à la chapelle. Moi, je décide de faire la vaisselle. Je me souviens de chaque instant comme si c'était hier. Mon ami remonte aussitôt pour venir me chercher. En descendant, l'odeur de rose était très présente. Parvenus aux pieds de la Vierge, nous sommes stupéfaits par la quantité d'huile qui en suinte. Il y avait des petits creux dans ses bras repliés remplis d'huile rouge.

Ça coulait jusqu'à terre. Nous avons pris des boules d'ouate pour absorber cette huile. »

Le visage de la statue de la Vierge en pleurs.
Les larmes sont composées d'huile de couleur rouge.

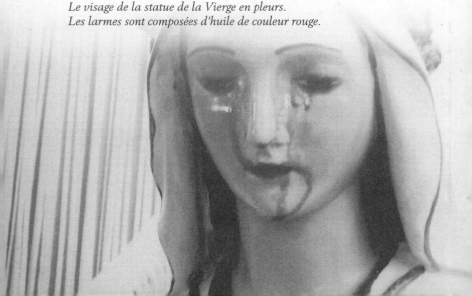

*Le Christ en croix du Centre
Notre-Dame de la Salette, suintant.*

Le Christ pleure aussi

Trois jours plus tard, la Vierge pleure encore. Plusieurs gouttes se répandent même autour d'elle, à ses pieds, près des lampions. Mais elle n'est pas la seule à se manifester cette fois-ci. Une autre statue, celle du Christ en croix, suinte aussi. Michel va chercher trois prêtres qui sont sur place, dont l'un est professeur en théologie à l'université, pour qu'ils se joignent à ses prières. Sur la croix du Christ se trouvent un marteau d'un côté et des tenailles de l'autre. Ce sont les tenailles qui suintent, non pas le marteau.

«Nous avons compris que la Vierge nous transmettait ainsi un message. Qu'il fallait apprendre à unir nos prières pour porter la croix de son fils. La Vierge offrait ses larmes aux fidèles de Notre-Dame de la Salette. Par la suite, d'autres pèlerins se sont joints à nous et ont constaté la chose.»

 «Nous avons vite remarqué que Jésus suintait de l'huile et que, comme du sang, cela venait de sa couronne d'épines, de ses mains clouées, de ses genoux et de ses pieds. Même qu'au niveau de sa ceinture, cela faisait comme un bénitier qui était rempli de cette huile. Nous avons tous été portés par la grâce pendant des jours. Notre cœur était rempli d'un amour indescriptible.»

Yolande Dufour et Diane St-Pierre

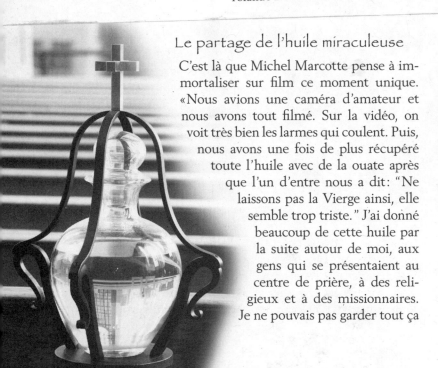

Le partage de l'huile miraculeuse

C'est là que Michel Marcotte pense à immortaliser sur film ce moment unique. «Nous avions une caméra d'amateur et nous avons tout filmé. Sur la vidéo, on voit très bien les larmes qui coulent. Puis, nous avons une fois de plus récupéré toute l'huile avec de la ouate après que l'un d'entre nous a dit: "Ne laissons pas la Vierge ainsi, elle semble trop triste." J'ai donné beaucoup de cette huile par la suite autour de moi, aux gens qui se présentaient au centre de prière, à des religieux et à des missionnaires. Je ne pouvais pas garder tout ça pour moi. Je n'en ai conservé qu'un peu. Certains prêtres s'en servent encore aujourd'hui pour oindre des malades sans leur en dévoiler l'origine.»

Cinquante témoins

Puis, le 26 mars, quelque 50 personnes réunies dans la chapelle assistent au phénomène. Chacun se trouve privilégié de vivre un tel moment. Le crucifix suinte encore une grande

«Il nous a enjoints de garder cette manifestation exceptionnelle sous silence.»

quantité d'huile rougeâtre imprégnée du même parfum de rose. «Nous avons alors cru bon de faire part de ce phénomène à l'évêque du diocèse, qui était alors monseigneur Couture. On lui a entre autres remis une copie de la vidéo qui montre très clairement le suintement de la statue. Nous en avons beaucoup parlé avec lui. Monseigneur Couture me connaissait bien, il savait que je n'étais pas du genre à me laisser emporter par des balivernes... Après réflexion, il nous a enjoints de garder cette manifestation exceptionnelle sous silence et de ne montrer cette vidéo qu'à des représentants de l'Église.

Ce que nous avons fait, sachant bien que la médiatisation de l'événement aurait pu attirer des curieux, voire des foules qui seraient accourues sur place avec de mauvaises intentions, dans le but de rechercher l'extraordinaire. Le plus important pour nous était de suivre les conseils de l'évêque. Je tiens à toujours demeurer en obéissance à l'Église, que je respecte du plus profond de moi. Les gens doivent pouvoir venir ici pour prier Notre-Dame de la Salette et non pas dans l'espoir du "merveilleux".»

Aucun doute

Aujourd'hui encore, Michel Marcotte n'a aucun doute sur la véracité des événements. Il était aux premières loges. «Je peux vous assurer que ça s'est réellement passé. Si on m'avait raconté une telle histoire, j'aurais peut-être été très sceptique moi-même, mais j'ai été le premier à en être témoin.

J'ai assisté à ce phénomène alors que je n'étais pas seul non plus. Il me reste encore un peu d'huile et je peux vous dire qu'après toutes ces années, elle exhale très bien son doux parfum de rose.

J'ai accueilli ce moment-là comme une grâce, un cadeau, un message me confirmant que j'étais sur la bonne voie. Un signe que je devais continuer dans ma mission au Centre Notre-Dame de la Salette. Ce fut à la fois émouvant et réconfortant. Ma foi n'en est que plus grande. »

Depuis 2003, les statues de la Vierge de Notre-Dame de la Salette et le crucifix n'ont plus suinté. Le centre de prière continue d'inspirer le calme et la piété, et ses fidèles, de s'y recueillir dans la paix et la discrétion. Au moment des événements, aucune enquête officielle ni analyse n'a été menée afin d'approfondir ce cas singulier de suintement. Et si la Vierge se manifestait à nouveau, tous garderaient encore le silence pour ne pas ébruiter la chose. Ils accueilleraient dans le plus pur des secrets ce nouveau message et se considéreraient une fois de plus comme privilégiés d'en être les destinataires. Et on n'en entendrait probablement pas encore parler avant des années...

Une certaine prudence

Certains représentants religieux sont moins à l'aise
avec ces phénomènes de suintement et y réagissent avec
beaucoup de méfiance ou, à tout le moins, de discernement. Il faut comprendre que peu de ces cas se sont finalement avérés miraculeux. Surtout au Québec. Le cas
du Centre Notre-Dame de la Salette aurait peut-être

pu se démarquer hors de
tout doute si on avait pu
effectuer une analyse ex-
haustive de l'huile et de
l'événement. Nous avons
demandé son avis au père
Jacques Bouchard, prêtre
au diocèse de Chicoutimi
depuis de nombreuses an-
nées. Il nous donne son
point de vue au sujet des
phénomènes survenus au
centre de prière et nous
enjoint d'être prudents et
de toujours faire la part
des choses dans de telles
situations. «Comme le sou-
ligne lui-même monsieur Marcotte: "Les gens doivent
pouvoir venir au centre pour prier Notre-Dame de la
Salette et non dans l'espoir du merveilleux." Cette attitude de retenue est de bon aloi. Si merveilleux il y a,
on ne peut baser notre foi sur de tels phénomènes, mais
bien sur le Christ Jésus et sa Parole, ce qui constitue,
dans la réalité, l'essentiel de la mission du centre. »

LE FRÈRE ANDRÉ, MAINTENANT SAINT

« Frottez-vous avec de l'huile de saint Joseph et priez-le ! »

Personnage frêle, souvent malade, il a grandi dans une famille pauvre mais extrêmement pieuse. Petit homme humble, perdu dans ses habits trop grands, il a pourtant fait des choses immenses. Le frère André, né Alfred Bessette, est devenu l'homme religieux le plus célèbre du Québec.

Alfred Bessette voit le jour le 9 août 1845 dans une famille modeste. Il semble si fragile qu'on lui administre l'ondoiement, ce qui consiste à l'époque en un baptême hâtif le jour même de la naissance compte tenu de l'état précaire d'un bébé naissant. Pourtant, le frère André quittera ce monde le 6 janvier 1937 à l'âge vénérable de 91 ans. Entre ces deux dates gravées à jamais dans les annales de l'Oratoire Saint-Joseph, il mène une vie d'une piété exemplaire en ne sollicitant jamais l'admiration. Il fait construire une basilique gigantesque à force d'amasser des dollars ici et là, il intervient dans des milliers de guérisons de personnes convaincues de sa force d'intercession auprès de saint Joseph, il apaise tout autant d'âmes blessées. À ses funérailles, il attire un million de fidèles venus lui rendre un dernier hommage.

Des fidèles du monde entier

« Priez saint Joseph,
il ne vous laissera jamais en chemin. »

De son vivant, le frère André a patiemment accueilli des milliers et des milliers de pèlerins venus de partout dans le monde pour le rencontrer, le voir, l'écouter et suivre ses conseils simples. Combien de fois cet homme modeste a-t-il suggéré à une personne souffrante de se frotter simplement avec de l'huile de saint Joseph et de prier ? Elles ne se comptent plus. Des sceptiques l'avaient surnommé le frotteux, des croyants le proclamaient depuis déjà longtemps un saint homme. Le 17 octobre 2010, le frère André, né Alfred Bessette, devient saint frère André ou saint Alfred Bessette. Enfin ! Tant l'ont espéré. Tant l'ont demandé. Après avoir été déclaré vénérable par le pape Paul VI le 12 juin 1978 et bienheureux par Jean-Paul II le 23 mai 1982, le frère André est enfin canonisé par le pape Benoît XVI. Découvrons quelques-unes des pages du chemin de vie exceptionnel de ce tout petit homme devenu un grand saint.

Une enfance de prières et de misère

« J'ai rarement prié pour ma mère,
mais je l'ai souvent priée. »

Huitième d'une famille de 10 enfants, Alfred grandit dans la prière et la dévotion. Son père meurt accidentellement à l'âge de 45 ans dans un chantier de bûcherons et la tuberculose emporte sa mère 3 ans plus tard. Séparé de ses frères et sœurs, le petit Alfred part vivre chez son oncle. Dès l'âge de 12 ans, il doit se trouver du travail. Il pratique mille boulots, mais sa faible constitution lui nuit et il est toujours renvoyé. Il passe tous ses moments libres à la prière et trouve là un îlot de paix. À 18 ans, il tente sa chance aux États-Unis, mais sa santé précaire lui cause bien des licenciements. Il a un jour une vision qu'il n'oubliera jamais. Se dresse devant lui une immense maison de pierre aux larges fenêtres sur le toit de laquelle est posée une imposante croix. Toujours en quête de sa mission dans la vie, Alfred rentre au pays à l'âge de 22 ans. Il se sent toujours aussi fatigué et sa santé n'a pas pris de mieux. Il trouve tout de même un emploi de garçon de ferme chez le maire d'un petit village de campagne. Ce dernier lui présente l'abbé André Provençal, qui remarque instantanément l'intense spiritualité du jeune homme. Ce prêtre va clairement tracer la voie d'Alfred. Il incite notamment la congrégation de Sainte-Croix à l'intégrer dans ses rangs. « Je vous envoie un saint », écrit-il dans sa lettre de recommandation au maître des novices. Il ne pouvait si bien dire.

Portier au collège Notre-Dame

« Dans la prière, on parle à Dieu
comme on parle à un ami. »

Alfred a 25 ans. Le 22 novembre 1870, il se présente au noviciat de la congrégation de Sainte-Croix au collège Notre-Dame, à Montréal. Devant la façade du bâtiment, il est ému. Il voit là la demeure de sa vision. Il a trouvé

Le frère André vers l'âge de 25 ans.

son chez-lui. Il le sait. Il sent monter en lui sérénité et confiance. Le 27 décembre 1870, il revêt l'habit religieux. Il adopte le nom de frère André, en hommage à l'abbé André Provençal qui l'a si bien guidé vers sa vocation. En frère André, il commence une nouvelle vie empreinte de prière, d'obéissance et d'humilité. À l'image de ce qu'il était, de ce qu'il est, à l'image de ce qu'il sera toute sa vie. Le frère André fait de Joseph le principal saint de ses prières, en souvenir de sa mère qui le priait si ardemment, mais il n'oublie pas non plus la Vierge Marie qui lui était aussi très chère.

Aussi parce que cette année-là, le pape Pie IX déclare saint Joseph, patron de l'Église universelle. Le 2 février 1874, le jeune novice prononce enfin sa profession perpétuelle, qui fait officiellement de lui un religieux de Sainte-Croix. Il apprend la formule de la profession par cœur et la récite sans aucune hésitation. Il a 28 ans. Il est le portier de l'endroit. Le frère André s'amusait d'ailleurs ainsi de ce poste qu'on lui avait attitré. «On m'a mis à la porte dès mon arrivée et j'y suis resté quarante ans.» Mais le frère André s'active à bien plus que cela : il s'occupe de la buanderie, il fait les courses, il nettoie les salles communes, il est cordonnier et s'occupe de la distribution du courrier. Il lui arrive même de faire quelques coupes de cheveux aux professeurs et aux élèves, moyennant quelques sous qu'il met de côté dans l'espoir d'ériger un jour une petite chapelle pour saint Joseph. Le jeune homme frêle déploie une énergie étonnante. Il est apaisé d'avoir enfin trouvé sa véritable place dans ce monde.

Les médailles et l'huile de saint Joseph

« Si les gens pouvaient comprendre
que ce n'est pas moi,
mais saint Joseph qui les guérit ! »

Le frère André accueille tous les visiteurs qui entrent au collège Notre-Dame. Certains se confient, d'autres, amoindris par la maladie, lui demandent de prier pour eux. Il a toujours dans ses larges poches une bonne quantité de médailles de saint Joseph. Il en distribue à tous ceux qui l'abordent, à tous ceux qui ont besoin d'aide. Il leur conseille également d'aller se frictionner avec l'huile de saint

Statue de saint Joseph et
son bassin d'huile.

Joseph qui brûle au pied de cette statue dans la chapelle du collège. Les troublantes faveurs obtenues grâce à l'huile de saint Joseph font parler de plus en plus. Certains demeurent sceptiques, mais la guérison du frère Aldéric va en étonner plusieurs. En 1878, ce frère se blesse en chutant sur une tige de métal qui l'entaille jusqu'à l'os. Il ne se soigne pas, espérant que le tout rentrera dans l'ordre au bout d'une semaine. Mais la plaie s'infecte, le médecin parle même d'amputation. Le frère Aldéric, bien que lui-même sceptique à propos des bienfaits mystérieux de l'huile de saint Joseph, demande tout de même conseil au frère André. Ce dernier lui suggère de puiser quelques gouttes de l'huile auprès de la statue et d'en frotter sa blessure. Ce que fait finalement le frère Aldéric le soir même. Le lendemain, il n'en revient pas. Il n'a plus de douleur et, deux jours plus tard, la plaie est cicatrisée. Il en parle autour de lui. Et les gens à qui

LES VERTUS DE L'HUILE DE SAINT JOSEPH

L'huile de saint Joseph offerte aujourd'hui n'est à la base qu'une simple huile végétale. Elle est légèrement chauffée par des lampions et recueillie dans un bassin aux pieds de la statue de saint Joseph qui se trouve dans la chapelle votive, derrière la crypte de l'Oratoire Saint-Joseph. Elle est offerte aux fidèles dans de petites fioles. Près de 100 000 bouteilles d'huile de saint Joseph trouvent preneur chaque année.

il raconte son aventure en parlent autour d'eux. L'histoire de sa guérison soulève bientôt l'espoir chez bien des gens malades. Les jours suivants, un nombre grandissant de personnes se rendent rencontrer le portier du collège Notre-Dame. Le frère André demeure toujours aussi humble. Il les accueille et leur conseille de frotter leurs blessures avec une médaille du saint ou un peu d'huile et surtout de prier saint Joseph. Pour lui, l'huile ou la médaille ne fait que contribuer à concentrer les prières et accroître la croyance en saint Joseph.

La guérison d'un enfant

*« Lève-toi petit paresseux,
tu n'es pas malade! »*

En 1884, un geste posé par le
frère André va faire le tour
des chaumières. Le religieux a
gardé l'habitude d'aller visiter
les malades alités à l'infirmerie
du collège. Quand il arrive à
la hauteur du lit d'un garçon, il l'interpelle de façon presque brutale. « Mais
veux-tu bien me dire ce
que tu fais là couché en
plein milieu de l'après-
midi? Allez, lève-toi et
va jouer avec tes camara-
des. » Étonné, le garçon
lui réplique qu'il est
malade et qu'il fait de la
fièvre. Et le frère André
de lui répondre. « Mais
non, tu ne fais pas plus de
fièvre que moi. Allez, sors du
lit et va jouer. » L'enfant qui se
sentait déjà mieux, saute de son
lit pour s'éloigner au moment où son
médecin s'approche. Celui-ci ne voit
pas d'un bon œil qu'il quitte l'infirmerie
ainsi malade. Il prend vite la température de l'enfant pour
démontrer qu'il n'est pas en état de partir. Le garçon ne fait
plus un degré de fièvre...

L'histoire se propage. Le frère André ferait-il des miracles?
Tellement de gens affluent désormais pour le rencontrer
que la direction du collège décide de l'installer dans une
petite gare située en face du collège pour les y recevoir.

Les premières pierres d'une grande construction

« Ça va réussir !
Le temple de saint Joseph s'achèvera ! »

Le frère André aime bien aller se promener avec des élèves dans la montagne en face du collège. Sur ses pas, les jeunes lui font remarquer que des choses tombent de ses poches. Le frère André n'en fait pas de cas. Il continue ce petit rituel chaque fois qu'il parcourt ces sentiers. Il a une idée en tête. Il laisse ainsi tomber des médailles de saint Joseph.

La chapelle primitive, construite en 1904.

Il aime ce lieu. Il rêve d'y voir ériger une petite chapelle.
Pour saint Joseph. En attendant, on lui accorde au moins
la permission d'y installer une statue du saint. Ce sera le
début d'un projet immense. De la fenêtre de sa chambre
modeste, le frère voit poindre un oratoire, un lieu de prière
voué à saint Joseph, une humble demeure lovée au cœur
de cette montagne superbe. D'année en année, il y arri-
vera. Devant amasser lui-même une grande part de l'argent
pour la construction, il demeure patient et confiant. Une
petite chapelle primitive est bâtie et la première messe
officielle s'y tient le 19 octobre 1904. Elle est si petite que

En 1908, la chapelle primitive est agrandie.

les pèlerins doivent assister aux cérémonies religieuses à l'extérieur du bâtiment. Devant l'affluence sans cesse croissante, le bâtiment est agrandi en 1908. Deux cents personnes assistent à la première messe qui y est donnée. Les fidèles se rendent maintenant régulièrement à la nouvelle chapelle, qu'on appelle déjà oratoire, au point que le portier doit se faire remplacer à son travail pour aller les accueillir sur place.

Le 6 juin 1909, ce sont plus de 3 000 personnes qui célèbrent la bénédiction d'une cloche acquise en France, qui, cependant, ne sera aménagée dans le clocher du nouvel oratoire qu'un an plus tard. En 1909, un premier recueil de prières est aussi publié. Quelque 5 000 copies sont vendues dans les mois qui suivent.

En 1910, la chapelle est agrandie de nouveau et on y ajoute alors un très beau clocher pour y installer enfin la cloche bénie en 1909.

En 1910, on agrandit de nouveau la chapelle en y ajoutant un clocher, et on y adjoint un kiosque d'accueil, un restaurant, une salle d'attente et une pièce très sobre où le frère André reçoit dorénavant les malades qui viennent le voir en plus grande quantité encore. La même année, on nomme le frère André gardien de l'oratoire et il quitte son poste de portier pour s'installer à temps plein dans cette petite chambre attenante au kiosque d'accueil.

On aperçoit de nouveau la chapelle avec son clocher et la petite cantine attenante. Cette photo montre le nouvel emplacement à l'ouest du presbytère où la chapelle fut transférée en 1918. La petite chapelle sera à nouveau déménagée en 1954.

Une quantité impressionnante de visiteurs et de fidèles montent maintenant les 140 marches du trottoir de bois pour être en présence du religieux qui fait des miracles. Et lui ne se lasse pas de répéter à tous ces gens : « Priez saint Joseph, je vais prier avec vous. » Des foules importantes se réunissent pour les célébrations. En janvier 1912, le premier numéro des *Annales de saint Joseph* est publié à 60 000 exemplaires.

Le 16 décembre 1917, on bénit la crypte, base de l'immense structure qui composera le rez-de-chaussée de l'oratoire d'aujourd'hui. Ce n'est cependant que 20 ans plus tard que l'ensemble architectural religieux sera complété, après la mort du frère André. Le 15 novembre 1937 à 21 h, après 10 jours d'un travail intensif, l'immense dôme s'élève enfin dans le ciel montréalais. L'Oratoire Saint-Joseph devient le

En 1917, on bénit la crypte, base de l'immense structure qui composera le rez-de-chaussée de l'Oratoire.

plus haut point de la ville. Mais le frère André n'est pas là pour assister à ce moment grandiose, il est décédé le 6 janvier précédent. Cependant, il veille sûrement sur les lieux. Quant à l'intérieur de la basilique, les travaux seront entièrement achevés en 1966.

En 1937, l'immense dôme de l'Oratoire est enfin érigé.

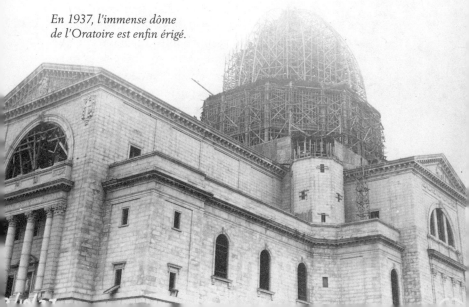

Les guérisons miraculeuses

« C'est saint Joseph qui se sert de moi
pour guérir les gens,
je ne suis que son petit chien. »

Malgré sa popularité grandissante tout au cours de sa vie, le frère André n'a jamais changé. Il est demeuré humble. Il continue de préciser à tous ceux qui lui demandent de les guérir qu'il n'y est pour rien, que c'est Dieu qui agit à travers saint Joseph. Il n'est que leur simple instrument.

Par contre, il n'a rien contre le fait qu'on en parle. À partir de 1908, il expose même les béquilles, les corsets, les orthèses en cuir des personnes guéries dans la chapelle. Il explique son geste ainsi : « Ces guérisons font du bien à la personne qui est guérie, et aux autres qui en entendent parler. » En 1916, on parle de plus de 400 guérisons miraculeuses connues ; en 1958, leur nombre excède les 40 000. En 1995, on ne les compte plus, mais on sait que quelque deux millions de gens se rendent chaque année visiter cette vaste basilique où reposent maintenant en paix le corps et le cœur du frère André.

Plusieurs de ces guérisons qualifiées de miracles ont marqué l'histoire de l'Oratoire Saint-Joseph et la vie du frère André. L'une a permis sa béatification et une autre lui a valu sa canonisation. Le cas de guérison miraculeuse de Joseph Audino, en 1958, a été l'un des plus importants dans le dossier de béatification du frère André, dont la

Le coeur du frère André est conservé derrière une grille de fer forgé dans la salle d'exposition sur la vie et l'œuvre de frère André à l'Oratoire.

cérémonie s'est tenue le 23 mai 1982. L'homme souffrait d'un cancer du foie, puis d'un cancer généralisé. À l'article de la mort, Joseph Audino, alors âgé de 38 ans, a pourtant été parfaitement guéri par l'intercession du vénérable frère André auprès de saint Joseph. Un examen médical

Le tombeau du frère André.

Une multitude de gens ont offert leurs béquilles et leurs prothèses à l'Oratoire Saint-Joseph en témoignage de guérisons obtenues.

complet effectué en 1979 a aussi attesté cette guérison complète. L'imposant document de sa guérison présenté au Vatican pour le procès de la béatification comprenait plus de 275 pages. Par contre, le cas présenté dans le procès de sa canonisation devra toujours demeurer confidentiel, à la demande de la famille concernée.

Tout au long de sa vie, le frère André a reçu une multitude de témoignages de gens qui disent avoir été guéris par ses prières et par son intercession auprès de saint Joseph. Voici deux de ces histoires.

Le cas de Joseph-Olivier Pichette

« Beaucoup de malades seraient guéris
s'ils persévéraient davantage... »

L'histoire de Joseph-Olivier Pichette est certainement l'un des cas qui ont scellé le destin du frère André. Il a été l'un des plus importants témoins au procès de la béatification du frère André. Selon ses dires, il aurait assisté à une centaine, peut-être même jusqu'à un millier de guérisons miraculeuses du frère André au cours de sa vie. Son généreux témoignage a largement contribué à l'heureux dénouement du processus de béatification. Il est vrai que Joseph-Olivier Pichette a passé beaucoup de temps avec le religieux, d'abord dans l'espoir d'être guéri par lui, puis comme chauffeur et ami sincère durant une trentaine d'années.

C'est en bien mauvais état que Joseph-Olivier se présente au frère André un certain jour de 1911. Il a de violents maux d'estomac et de gorge et sa condition cardiaque est très critique. Ses médecins ne savent que faire pour le soulager et ils le disent condamné. Selon eux, il lui reste bien peu de temps à vivre. Pourtant, Joseph-Olivier n'a que 24 ans, il est dans la force de l'âge. Comme il n'a plus d'autres ressources pour se guérir, le jeune homme se rend voir le frère André dans l'espoir qu'il l'aide. Mais le frère André ne le reçoit pas tout de suite. Il a tant de gens à voir. Joseph-Olivier demeure sur place avec patience. Pendant ces longs

Chambrette du frère André.

moments d'attente, il assiste à plusieurs scènes impression-
nantes où il voit notamment des handicapés en béquilles
repartir sur leurs deux jambes... Il espère être guéri de la
sorte lui aussi. Cependant, quand il tente de voir le frère
André, ce dernier repousse et repousse leur rencontre. Mais
le jeune homme ne bat pas en retraite. Il finit par obtenir
une courte consultation, au cours de laquelle le frère André
lui conseille simplement de se frictionner avec l'huile de
saint Joseph et de prier avec confiance. Joseph-Olivier le
quitte, plutôt sceptique. Il s'attendait à plus que cela de la
part de celui qui fait des miracles, aux dires de tant de gens.
Une année passe. Joseph-Olivier ne va pas mieux. Il revient
voir le frère dans un ultime espoir de survivre à sa maladie.
Il a du mal à gravir les marches qui le mènent jusqu'à son
bureau. Essoufflé, le jeune homme affaibli réussit à peine
à lui murmurer : « Vous m'aviez dit de faire une neuvaine,
pourrait-on plutôt la faire ensemble ? » Et le frère André lui
répond : « Comme vous voudrez. » Puis, il invite le jeune
homme malade à s'installer avec lui dans sa petite chambre

modeste, qu'ils partageront le temps de cette neuvaine de prières. Il passe donc ainsi neuf jours à prier.

Chaque soir, souvent très tard, le frère André vient le retrouver après avoir rencontré des dizaines de gens. Joseph-Olivier ne consomme qu'un bol de soupe par jour. À un moment donné, le jeune malade est convaincu qu'il va bientôt mourir et s'apprête à l'exprimer au religieux. Mais le frère lui demande plutôt son habituelle question quotidienne, «Comment ça va?». Et Joseph-Olivier lui répond: «Vous qui connaissez si bien les malades, vous devez bien vous douter de comment je vais.» C'est alors que le frère André sort son huile de saint Joseph et se met à frictionner la poitrine du malade durant deux bonnes heures tandis qu'il murmure des prières. Ensuite, il descend se recueillir à la chapelle et laisse le jeune homme seul dans la chambre.

À 4 h 30 du matin, le réveil sonne. C'est le temps des prières. Joseph-Olivier se lève sans trop de difficulté et se rend à la messe avec le frère André. Ils remontent ensuite à la chambre. Dans un coin, sur le poêle, mijote un plat de veau et de porc. Ça sent bon. Le frère André lui demande d'ajouter des pommes de terre à 10 h. À son retour sur l'heure du midi, il y ajoute lui-même des pâtes qu'il fait avec de la farine. Puis, il prend une assiette, y dépose un oignon et la remplit de ce mets fumant. Il coupe une grosse tranche de pain et tend ce repas copieux à Joseph-Olivier qui se sent soudain affamé. Le jeune homme dévore tout avec appétit et plaisir. Il se sent bien. Puis, le frère André lui suggère d'aller se promener à la montagne. Joseph-Olivier revient avec un grand bol de framboises qu'il y a cueillies, le sourire aux lèvres et sans aucune sensation de souffle court. Le lendemain matin, le frère André lui dit: «Vous pouvez partir maintenant, vous êtes bien.» Joseph-Olivier le sait, il est bel et bien guéri. Mais il a le goût de demeurer avec cet homme qui l'a ramené à la vie. Les jours suivants, il va travailler aux champs, il a de l'énergie à revendre. À partir de ce moment, Joseph-Olivier décide de changer de nom. Il ne conserve que Joseph.

De la vénérabilité à la canonisation

Avant d'être officiellement reconnue sainte par l'Église, une personne doit franchir certaines étapes.

1. *La pratique religieuse.* Cette personne a œuvré au service de Dieu et a mené une vie chrétienne exemplaire.

2. *La vénérabilité.* Un dossier rigoureux démontrant les vertus héroïques de cette personne est soumis à Rome. Si l'héroïcité est reconnue, cette personne est déclarée vénérable.

3. *La béatification.* Un dossier rigoureux démontrant l'accomplissement d'un miracle par l'intercession de la personne vénérable est soumis à Rome. Le miracle doit s'être produit après la mort de la personne vénérable. Si le miracle est reconnu par Rome, la personne est proclamée bienheureuse.

4. *La canonisation.* Après la reconnaissance d'un deuxième miracle – qui doit également s'être produit après la mort de la personne bienheureuse –, Rome accorde le statut de saint à cette personne déjà reconnue bienheureuse. Son culte devient alors universel.

La paralysie de Marie

L'histoire de Marie est émouvante. Née en 1907, elle est la quatrième d'une famille de sept enfants. Un matin de 1910, elle tente de se lever sans succès. Devant l'insistance de sa mère, la petite éclate en sanglots. Sa mère soulève l'enfant pour la mettre debout, mais celle-ci s'écroule par terre, ses jambes ne la soutiennent plus du tout. Étonnée, sa mère refait le même geste avec le même résultat. La petite a les jambes paralysées, séquelle d'une maladie infantile. Les jours suivants, la mère de Marie prend soin d'elle du mieux qu'elle peut, malgré toutes les corvées quotidiennes. Après plusieurs mois d'inquiétude, la dame décide d'écrire au frère André dans l'espoir d'obtenir la guérison de la fillette. Aucune réponse ne vient apaiser son désarroi. Elle écrit à nouveau au frère André, convaincue qu'il peut l'aider en autant qu'il réagisse à sa demande, et elle ajoute : «Je suis peu instruite mais je suis assez polie pour répondre aux lettres que je reçois.»

Par le retour du courrier, elle reçoit une médaille pour chacun de ses enfants et un mot du frère André qui lui conseille une neuvaine en famille. Il recommande également de faire marcher l'enfant à la fin de chaque prière en la soutenant. Puis, de la laisser marcher seule à la fin de la neuvaine. Tous les membres de la famille s'empressent chaque jour de prier avec ferveur dans l'espoir de voir la petite guérir. Chaque fois qu'on tente de faire marcher Marie, celle-ci a les jambes bien molles. Mais ils ne doutent jamais. Le neuvième jour, à la fin de leur dernière prière de neuvaine à l'église, sa mère la soulève et retire ses mains de sous ses bras. Surprise! Marie fait cinq pas, six pas, s'arrête, reste debout et se met tout à coup à sangloter. Elle fait encore quelques pas. Puis, elle n'hésite plus et marche. Le miracle est évident. Par la suite, Marie a grandi en force et en grâce. Elle a élevé une belle famille de 12 enfants et a toujours témoigné une dévotion sans bornes au frère André et à saint Joseph. Seul souvenir de sa maladie, ses jambes sont demeurées fines. Sa famille l'a longtemps taquinée en les lui décrivant comme les «cannes à saint Joseph».

Récit envoyé à l'Oratoire par la sœur de Marie[8]

Témoignages de gratitude

Depuis la mort du frère André, des lettres de remerciement pour faveurs obtenues et des témoignages édifiants ont continué d'abonder par centaines chaque jour à l'Oratoire Saint-Joseph. En voici quelques exemples.

« Je marche à nouveau »

« Merci à saint Joseph et au frère André pour faveur obtenue. J'avais seulement 2 % de chances de marcher à la suite d'une fracture d'une vertèbre. J'ai été en chaise roulante pendant cinq mois. Maintenant, je me déplace très bien, je suis autonome. Âgée de 69 ans, je demeure dans ma maison. Pendant tout le temps que j'ai été hospitalisée, je disais au personnel médical que le frère André était pour me guérir, que je marcherais et retournerais dans ma maison. Malgré les incrédules, je n'ai pas perdu confiance. Il m'a aidée, il m'aide encore. »

Une amie du frère André[9], Rougemont

La tumeur disparaît

« À l'âge de 12 ans, mon fils André avait une tumeur. La veille de l'opération, après avoir prié saint Joseph et le frère André dans ma chambre, je suis allée le frotter avec l'huile et la médaille de saint Joseph que j'avais laissée en dessous de son oreiller. Le lendemain matin, en déjeunant, il me dit : "Vous et votre médaille ! Elle m'a tout gratifié cette nuit !" À 7 heures le soir, l'hôpital l'attendait. Quand les médecins l'ont examiné, ils ont constaté qu'André n'avait plus rien. Je l'ai ramené après le dîner.

Merci saint Joseph. Merci frère André. »

N. M.[10]

« Je ne boite plus »

« C'était lors de la fête de saint Joseph. Après l'eucharistie, les gens étaient invités à partager un café et des biscuits dans une cafétéria. À la table où je m'assois, un homme me dit : "Le frère André, c'est le mien." Puis il me raconte. Un de ses compagnons de travail qui s'était éloigné de la foi depuis nombre d'années lui dit : "Ton frère André, y

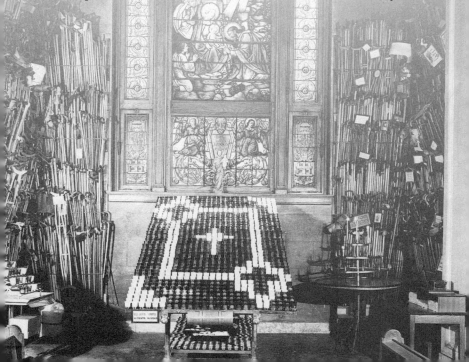

m'intéresse, comme l'Oratoire d'ailleurs..." Alors le premier homme lui propose de l'y conduire. Une fois entré dans la crypte, le compagnon remarque la petite lumière rouge au fond, celle du confessionnal. Il y a quarante ans qu'il n'est allé se confesser. Il hésite, avance, recule, puis finalement, se décide et s'y rend. À la fin de la confession, le prêtre lui suggère d'aller au tombeau du frère André "pour remercier celui qui vient de le ramener à Dieu". Or, cet homme a une jambe malade, il boite depuis longtemps. Il se rend donc au tombeau du frère André, se penche, touche le tombeau et voilà que sa jambe se replace. Il est guéri. »

.P. R.[11]

Une dangereuse chute

« Un petit mot pour vous raconter une anecdote vieille d'environ 70 ans, mais qui a toujours été bien présente dans nos vies. Mon père a travaillé autrefois à l'édification de la charpente de l'Oratoire. Or, un matin, juché sur des échafaudages haut placés, papa a perdu pied et est tombé. Il s'est senti perdre l'équilibre et a pensé perdre la vie, laissant sa femme veuve et sa petite fille orpheline. Mais quelle n'a pas été sa surprise de se retrouver à cheval sur une poutre de niveau inférieur, sain et sauf. Le cœur lui débattait, il avait les jambes molles, alors son patron lui a donné congé le reste de la journée ! Imaginez sa reconnaissance envers saint Joseph qui, il en était convaincu, lui avait sauvé la vie. Il a toujours aimé raconter sa fantastique expérience à ses filles. »

Jeune femme de Duvernay

Ce ne sont là que quelques exemples de toutes ces guérisons miraculeuses qu'on a attribuées au frère André, ou plutôt à saint frère André ou saint Alfred Bessette. Les fidèles qui le prient encore aujourd'hui savent bien que ce petit homme pieux et humble a mérité largement et depuis longtemps qu'on l'appelle ainsi.

Il était frêle et humble.

Il est maintenant grand et inébranlable, un symbole de foi, d'espoir et de persévérance.

LE COIN DU SPÉCIALISTE

Qu'est-ce qu'un miracle ?

*« La foi ne donne pas les miracles,
mais les miracles donnent la foi. »*
Dr Roy

Le docteur Roy fut l'un des spécialistes attitrés à l'enquête pour la canonisation du frère André. Il y a consacré plus de cinq années de recherche. Il a écouté patiemment de nombreux témoins, étudié à fond les analyses scientifiques et médicales de ce cas unique au monde. Le document d'enquête était volumineux, la tâche, minutieuse, mais le résultat, d'autant plus probant. Il est vrai que depuis le décès du frère André en 1937, des milliers des fidèles espéraient pieusement qu'il soit enfin honoré. Maintenant, l'authenticité de ce miracle est reconnue par l'Église catholique. Grâce au laborieux travail de précision d'une équipe de médecins, pathologistes et autres spécialistes canadiens et italiens, le frère André devient finalement le 17 octobre 2010 le premier homme canadien à être élevé au rang de saint.

La définition d'un miracle

Ayant travaillé sur une douzaine de demandes de béatification et de canonisation dont trois ont connu un heureux dénouement (voir aussi le cas de mère Émilie

Gamelin, p. 58), le Dr Roy nous explique les points importants dont on doit tenir compte pour élaborer ces documents. «D'abord, entendons-nous sur la définition précise d'un miracle. Un miracle est la manifestation surnaturelle d'un phénomène naturel.

Il n'y a jamais deux miracles identiques et il y a toujours une zone d'ombre dans l'avènement d'un miracle. Il n'y a pas, à la source, une pensée magique ni un code précis; on ne sait jamais quand cela va se produire. Un miracle, dans le plus pur sens religieux du terme, ne peut être reconnu comme tel que s'il advient après la mort du saint à qui on l'attribue.

La première étape pour ouvrir un dossier dans un cas de guérison de nature miraculeuse est de déterminer la pertinence d'un document détaillé fourni par le miraculé. Ce dossier doit comprendre une description chronologique précise des différentes étapes de la maladie et de la guérison et une attestation de la guérison complète de la part du médecin traitant. Si le cas est retenu, l'étape suivante consiste à rencontrer le médecin, puis une douzaine de témoins oculaires puisés dans l'entourage du miraculé. Un notaire prend tout en note et fait signer une déposition à chacun d'eux. Si le cas semble toujours pertinent, nous acheminons un document à l'évêque du diocèse pour qu'il accorde la permission d'ouvrir une enquête officielle. Par la suite, plusieurs spécialistes sont sélectionnés pour analyser le dossier et le faire parvenir, s'il y a lieu, à la Sacrée Congrégation pour les causes des saints, à Rome. C'est un postulateur – un représentant de l'Église mandaté par l'évêque – qui devient le lien privilégié entre le diocèse et le Vatican. Il faut savoir que plusieurs dossiers sont acheminés au Vatican mais que seuls quelques-uns sont retenus.

Pour conclure, il ne faut jamais oublier que tout miracle reconnu ne vient que de Dieu, même s'il passe par l'intermédiaire d'un saint, et qu'il n'existe pas de miracle autrement. »

Un nombre impressionnant de demandes

Il y a environ 300 demandes de canonisation par année auprès du Vatican. Le nombre d'élus varie grandement d'une année à l'autre. Pendant son pontificat de 1978 à 2005, Jean-Paul II a battu tous les records dans ce domaine en canonisant 482 saints en 52 cérémonies. Marguerite Bourgeoys (1620-1700), fondatrice de la Congrégation de Notre-Dame de Montréal, est canonisée par Jean-Paul II le 31 octobre 1982, et Marguerite d'Youville, fondatrice des Sœurs de la Charité de Montréal, l'est le 9 décembre 1990. De plus, du temps du règne de Jean-Paul II, la béatification des Saints Martyrs est acceptée (à partir de 1983) même si chacun d'entre eux n'a pas accompli de miracle. Jean-Paul II a également instauré que la béatification n'exigerait plus maintenant qu'un seul miracle attribué au saint après sa mort au lieu de deux, comme c'était le cas auparavant.

 Pour vous plonger dans l'histoire des saints du monde entier, rendez-vous sur le site de la Société des Bollandistes (www.kbr.be/~socboll). Créée en 1607 au temps des Pays-Bas espagnols, la Société des Bollandistes a maintenant son siège social en Belgique. Elle regroupe des savants, exclusivement jésuites jusqu'en 2000, chargés d'étudier avec rigueur et sens critique la vie et le culte des saints chrétiens. Leur bibliothèque est l'une des plus riches pour tout ce qui touche les manuscrits, imprimés et gravures liés aux histoires religieuses et aux saints.

Même chose pour la canonisation, pour laquelle un seul miracle a besoin d'être reconnu.

Les critères d'investigation

Afin de déterminer si un cas de miracle peut être porté à l'étude, ce dernier doit répondre aux 10 critères suivants.

1. La guérison doit être complète.

2. La guérison doit être soudaine.

3. La guérison doit être permanente. Dans la majorité des cas, la guérison est considérée comme permanente après 5 ans (par exemple, dans les cas de cancer). Dans les cas de maladies neurologiques dégénératives comme le Parkinson et la sclérose en plaques, on parle plutôt de 10 à 15 ans de guérison complète.

4. La maladie devait être physique, débilitante et sérieuse. Les cas de maladies psychiques ne sont pas acceptés.

5. Le diagnostic doit être très clairement établi, avec des tests médicaux à l'appui. Les ouï-dire ne sont pas reconnus.

6. Les statistiques de survie doivent être concordantes, avec des références médicales récentes à l'appui.

7. La guérison doit être médicalement inexplicable ou imprévue pour une telle maladie.

8. La guérison doit être exceptionnelle ou statistiquement hors de l'ordinaire.

9. La guérison doit être sans rapports avec tous les traitements antérieurs reçus.

10. La guérison doit être prouvée et démontrable, par tous les tests médicaux récents correspondants.

LE MIRACULÉ DE
MÈRE ÉMILIE GAMELIN

*« La prière a un plus grand pouvoir
que les hommes ne l'imaginent... »*
Lord Alfred Tennyson

La bienheureuse Émilie Gamelin (1800-1851) a fondé les
Sœurs de la Providence au Canada. Elle a consacré sa vie
aux œuvres caritatives. Membre de la Confrérie de la Sainte-
Famille et de l'Association des dames de la charité, elle a
été une femme dévouée. Elle a entre autres tenu un refuge
pour femmes seules et une maison pour les nécessiteux,
tout comme elle a pris soin des malades atteints de choléra
et de leur famille. En 1843, l'Asile de la Providence ouvre
ses portes et, l'année suivante, sœur Gamelin en devient la
sœur supérieure. Par la suite, sous sa gouverne, les Sœurs de
la Providence fonderont plusieurs autres œuvres de charité.
Mère Gamelin est morte à l'âge de 51 ans, emportée par le
choléra. Les trois derniers mots qu'elle a murmurés à ses
proches juste avant de mourir ont été : «Humilité, simpli-
cité, chàri... [té.]»

Le 23 décembre 1993, le pape Jean-Paul II reconnaît les vertus héroïques de cette sœur exemplaire et charitable et la
proclame bienheureuse le 7 octobre 2001. Des démarches
sont actuellement en cours pour sa canonisation.

Le dossier volumineux de la guérison miraculeuse d'un
jeune Québécois a notamment largement contribué à la

concrétisation de la béatification de mère Émilie Gamelin. Voici l'histoire miraculeuse de Yannick Fréchette qui, dans les années 1980, a vaincu un adversaire qui semblait pourtant invincible à l'époque, la leucémie.

L'histoire troublante de Yannick Fréchette

« Pour tous les médecins, ce qui m'arrivait là était médicalement impossible. »
Yannick

Depuis qu'il est tout petit, Yannick est un enfant très actif qui ne tient pas en place. Pendant les vacances, il part toujours en camp d'été avec les scouts. La vie est belle, tout

 « Cette fois-là, je suis rentré à la maison blanc comme un drap et très fatigué. »

va très bien. Toutefois, l'été de ses 11 ans va remettre en question son insouciance. Alors qu'il revient toujours de ses camps en pleine forme et bien bronzé, cette fois-ci, il rentre plutôt blême et sans énergie. Yannick nous raconte le début de cette période trouble de sa vie. « Cette fois-là, je suis rentré à la maison blanc comme un drap et très fatigué.

Mes parents ont pensé à un virus contracté au camp et ils ont attendu deux semaines que ça passe. Mais mon état ne s'améliorait vraiment pas. Je me suis donc rendu à l'hôpital avec mon père pour passer des examens. La fin de semaine suivante, on nous recommandait un rendez-vous avec notre médecin de famille qui, lui, nous envoyait

Yannick, avant sa maladie.

aussitôt rencontrer un hématologue. Et le verdict est tombé. Je souffrais de leucémie. Mes parents n'en revenaient tout simplement pas. Leur petit gars plein de vie, terrassé

 « Je ne savais pas que je pouvais en mourir. »

par une leucémie, c'était impensable. Ils se sont entendus avec les médecins pour ne jamais parler de la gravité de mon état devant moi. Je ne savais donc pas que je pouvais en mourir.

Mes parents m'avaient seulement raconté que j'étais malade et que je devais être soigné à l'hôpital. Bon, je voyais bien que ça semblait assez grave, mais j'abordais quand même la situation avec la naïveté de l'enfance. Pourtant, le jour où on a quitté la maison pour mon admission à l'hôpital, je me rappelle avoir demandé à mon père de conduire plus lentement pour avoir le temps de bien regarder le paysage au cas où je ne le reverrais jamais... Mon père n'a jamais oublié ces mots-là, il m'en parle encore. »

La gravité de la situation

Le 28 juillet 1980, Yannick est admis à l'Hôpital Maisonneuve-Rosemont, à Montréal, l'un des plus importants centres d'hématologie au Québec. En présence de ses parents,

 « Ma moelle osseuse était atteinte à 84 %. »

les médecins expliquent au jeune garçon ce qu'ils doivent faire pour le guérir. Jamais ils ne lui parlent des dangers qu'il en meure. « Les médecins ne m'ont jamais dit le nom de ma maladie au cas où je tenterais d'en savoir plus de mon côté. Ils demeuraient évasifs. À mon entrée à l'hôpital, ma condition était assez dramatique. Ma moelle osseuse[12] était atteinte à 84 %.

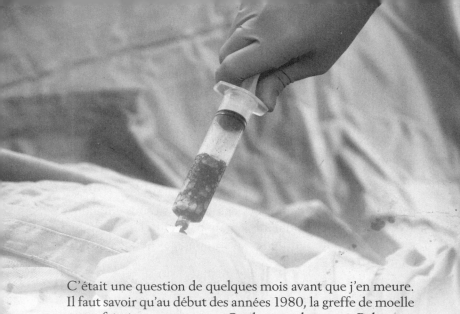

C'était une question de quelques mois avant que j'en meure. Il faut savoir qu'au début des années 1980, la greffe de moelle ne se faisait pas encore au Québec, seulement à Baltimore aux États-Unis. Ainsi, après plusieurs examens, prises de sang, ponctions, biopsies, j'ai commencé à recevoir des traitements de chimiothérapie et de radiothérapie à très fortes doses pour neutraliser le plus rapidement possible la prolifération des cellules cancéreuses.»

Yannick séjourne deux mois et demi à l'hôpital pour recevoir ses premiers traitements. Il rentre ensuite à la maison bien qu'il doive retourner quotidiennement à l'hôpital, cette fois pour les traitements de radiothérapie ciblés au niveau des méninges. La route est longue car la maison familiale est

 «Les gens me regardaient d'un drôle d'air, je n'aimais pas ça. »

à Joliette. Chaque jour, ses parents font quand même l'aller-retour pour que leur fils reçoive ce soin d'une durée d'à peine une minute. Yannick se souvient bien de cette période difficile. «J'étais loin de la grande forme, je vomissais souvent et j'ai perdu tous mes cheveux. À l'automne, des enseignants se sont déplacés à la maison pour que je ne prenne pas trop de retard à l'école. Mais je n'avais pas tellement la tête aux études. J'ai quand même fait de mon mieux. Je trouvais aussi bien difficile de ne plus avoir un poil sur le caillou. En plus, le radiologiste m'avait dessiné sur la tête des tracés avec une encre mauve spéciale, que je ne pouvais pas laver car cela servait à bien localiser les zones à irradier. Les gens me regardaient d'un drôle d'air, je n'aimais pas ça.

Mais bon, je ne sortais pas beaucoup de toute façon. Le pire fut certainement le jour où je suis retourné à l'école après avoir terminé mes traitements.

 « À l'hôpital, j'en ai vu des gens, des enfants, des parents pleurer à cause de cette maladie. »

Bien intentionné, un enseignant avait prié les autres élèves de faire attention à moi car j'étais très malade et j'allais en mourir. Tout d'un coup, j'étais confronté à la dure réalité et ça a été tout un choc. Mes parents et mes proches m'ont vite expliqué que je pouvais en guérir, que je n'allais pas mourir. Je me suis rattaché à ce qu'ils m'ont dit et j'ai retrouvé le moral. J'avais décidé qu'il n'était pas question qu'on éteigne ma lumière tout de suite! À l'hôpital, j'en ai vu des gens, des enfants, des parents pleurer à cause de cette maladie.

Moi, il n'était pas question que j'aie en tête que j'allais mourir. Je n'y pensais pas. J'étais en vie et j'allais passer au travers, c'était ça et rien d'autre. »

Un court temps de rémission

Après avoir subi tous ses traitements avec patience, Yannick entre en rémission. Plusieurs mois s'écoulent où il se sent bien. D'une prise de sang à une autre, tout est au beau fixe. Pour lui, cette maladie fait maintenant partie de son passé et tout va bon train. Pourtant, la dame sombre n'a pas dit son dernier mot. Vingt-deux mois plus tard, une nouvelle prise de sang lance l'alarme.

«Je venais d'avoir 12 ans, je n'étais pas content de devoir retourner à l'hôpital.»

Le cancer est de retour de plein fouet. Les médecins sont inquiets. «Mes parents ont alors appris que les rechutes en leucémie étaient un bien lugubre présage. Elles sont plus coriaces et plus difficiles à contrôler. C'était une mauvaise nouvelle. Je venais d'avoir 12 ans, je n'étais pas content de devoir retourner à l'hôpital.

Mais ce que j'allais vivre était bien pire que ce que j'imaginais. J'y suis demeuré neuf mois, neuf longs mois. J'y ai reçu tout ce temps des traitements de chimiothérapie très forts. J'étais parfois épuisé, mais je tenais le coup parce que je demeurais convaincu que j'allais guérir. Puis, une fois encore, les examens allaient démontrer que j'étais à nouveau en rémission. Par contre, cette fois-ci, les médecins ne voulaient pas courir le risque que la leucémie refasse surface. Ils ont donc pensé qu'une tentative de greffe de moelle osseuse pouvait être une solution plus efficace encore. Mais nous rendre à Baltimore, le seul endroit où ces greffes se pratiquaient à l'époque, était impensable pour mes parents, car cette opération nous aurait coûté 70 000 $ US[13], en plus des frais d'hébergement et autres... Toutefois, au cours de cette année-là, le Québec a commencé à faire des greffes expérimentales de moelle dans des cas extrêmes comme le mien. Les médecins ont donc décidé de faire une tentative ultime sur moi. En fait, je pense qu'ils se disaient qu'ils n'avaient pas d'autres choix. »

Que de patience...

 « Je suis demeuré quatre heures dans l'appareil qui tournait tout autour de mon corps. »

Yannick encaisse alors des doses massives de chimiothérapie, puis subit une longue séance de radiothérapie intensive irradiant tout son corps dans le but de détruire sa moelle entière avant de la remplacer par une moelle saine.

« Je suis demeuré quatre heures dans l'appareil qui tournait tout autour de mon corps. C'était interminable. Après le traitement, mes yeux étaient brûlés. Ils m'ont mis des gouttes et m'ont appliqué des bandages pour apaiser la douleur. Ça aidait un peu, mais j'ai quand même souffert de cataractes

Yannick à l'hôpital le jour de sa greffe de moelle osseuse.

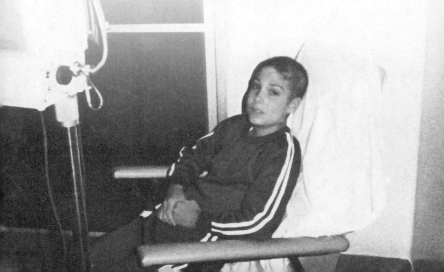

plus tard à cause de ça. Puis, après la série de traitements, ils ont procédé à la greffe de moelle. Un individu a une chance sur quatre d'avoir un frère ou une sœur à la moelle compatible, mais mes frères n'étaient pas compatibles. La greffe

 «Un copain de chambre mourait au même instant dans une autre pièce.»

provenait donc de ma mère, car les parents sont toujours compatibles à au moins 50%. Mais ma mère n'était pas du même groupe sanguin que moi, ce qui voulait dire qu'on allait me changer de groupe sanguin. On ne savait pas ce que cela provoquerait. Pendant qu'on me préparait à l'opération, un copain de chambre mourait au même instant dans une autre pièce après avoir subi une telle greffe qui n'avait pas fonctionné. Mes parents venaient de l'apprendre, c'était assez inquiétant. Moi, on ne me l'avait pas dit.

La greffe de moelle se fait de la même façon qu'une transfusion sanguine. Toutefois, la moelle suit le cours inverse de sa

Un peu d'exercice pour Yannick, pendant sa greffe de moelle osseuse.

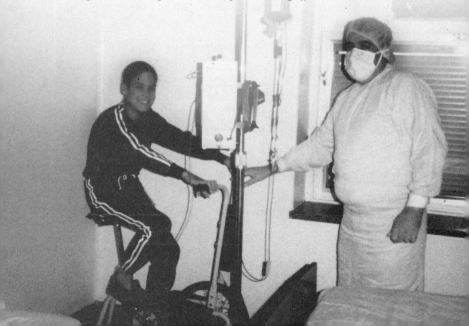

route dans le corps pour aller se reloger un peu partout dans les os. Les os sont drainés par de petits vaisseaux sanguins qui servent à transporter la moelle vers le système. Donc, la moelle devait, cette fois-là, se reloger un peu partout dans les parties de mon corps pour fabriquer du sang. Ce procédé devait prendre une vingtaine de jours pour s'implanter partout. Ce type de greffe n'avait encore jamais été tenté. C'est la docteure Yvette Bonny, une médecin qui a été exceptionnelle avec moi, qui l'a pratiqué.

« Durant toute cette période de traitement et de greffe de moelle, je suis demeuré 101 jours en isolement complet. Ceux qui venaient me voir devaient porter un vêtement, un bonnet, des gants et des chaussettes aseptisés. Tout ce qui entrait dans ma chambre devait être entièrement stérilisé. Même la chambre était désinfectée deux fois par jour. »

Malheureusement, au bout de vingt jours, il fallait se rendre à l'évidence, mon corps avait rejeté radicalement la moelle greffée. Que faire alors? Je n'avais pas d'autre moelle dans le corps. Ma moelle initiale avait été entièrement brûlée en radiothérapie et une moelle ne se régénère jamais tout seule. Les spécialistes ne sachant plus quoi faire ont alors conseillé à mon médecin traitant de me sortir de l'isolement pour me laisser mourir à petit feu et de ne plus accorder de temps à un cas désespéré comme le mien. Pourtant, la D^{re} Bonny n'a jamais voulu déclarer forfait et elle leur a dit: "Tant que Yannick sera en vie, je vais être là pour lui et tout faire pour l'aider." Elle espérait trouver une autre solution. Elle voyait bien que, pour un petit garçon dans ma condition, je faisais preuve d'énormément de vivacité. Un nouveau médecin de garde lui avait même fait remarquer à quel point j'avais de l'énergie vu mon état. Il était entré un jour dans l'antichambre de ma chambre d'isolement pour voir si tout allait bien et avait été surpris de me voir en train de jouer à un jeu vidéo et d'écouter de la musique assez fort merci! Il en avait

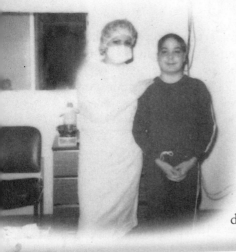

Yannick va passer de longs mois à l'hôpital. On le voit ici en compagnie de sa mère, quelque temps après sa greffe.

été d'autant plus étonné après avoir constaté l'état alarmant décrit dans mon dossier. Une chose était claire, c'est que je ne réagissais pas du tout à ce qui m'arrivait comme j'aurais dû le faire dans un tel cas.»

 «J'avais collé une petite affiche dans ma chambre d'isolement qui disait aux gens à l'extérieur: "Si vous ne pouvez être positif ici, allez être négatif ailleurs."»

Et c'est le miracle!

Tout ce temps, la D^re Bonny demeure en contact étroit avec une équipe d'hématologues de Baltimore à qui elle transmet de jour en jour l'état de santé de son jeune patient. Ces spécialistes sont eux-mêmes déboussolés par les élans de vivacité de l'enfant. Ils suggèrent de prélever à nouveau une petite quantité de moelle à la mère de Yannick dans l'espoir de stimuler son système, puis ils reculent, craignant que la

 «Je suis demeuré 20 jours de plus sans moelle, dans l'attente qu'on trouve une façon de me guérir.»

dame ne puisse subir une deuxième intervention alors qu'elle a failli mourir sur la table d'opération la première fois. Or, comme les greffes de moelle en sont à leurs balbutiements au Québec, il n'existe pas de banques de donneurs de moelle. Alors, on attend, on espère qu'une autre solution se pointe.

«Je suis demeuré 20 jours de plus sans moelle, dans l'attente qu'on trouve une façon de me guérir. Ils me transfusaient du sang aux deux à trois jours et devaient recommencer sans cesse. J'ai reçu 704 transfusions d'unités de sang. J'avais régulièrement besoin de plaquettes, de globules blancs et de sang complet, qu'il fallait renouveler sans cesse. J'ai été très malade, j'ai fait une pneumonie, des crises de

 «Les médecins se sont alors trouvés devant un fait totalement inexplicable. »

zona... Malgré tout, le plus étrange restait à venir. Un jour, sans que personne ne puisse comprendre pourquoi, ma moelle a recommencé à se reformer d'elle-même. Par une ponction de moelle, on a soudain découvert qu'on avait ré-colté un tout petit îlot de moelle. Les médecins en étaient tous étonnés. Ils ont d'abord pensé que ce pouvait être une infime part restante de la greffe de moelle de ma mère. Ce qui, en soit, était impossible. La quantité n'était pas suffisante pour pouvoir faire des examens approfondis, mais ça soulevait un coin du voile sur un espoir inespéré. Deux jours plus tard, on me faisait une autre ponction plus substantielle qui permettait de faire des analyses plus poussées. Les médecins se sont alors trouvés devant un fait totalement inexplicable.

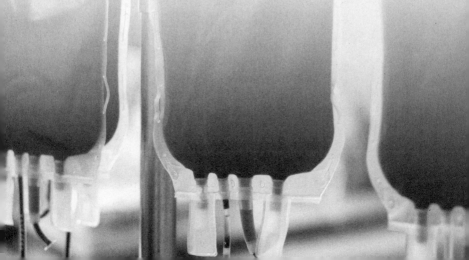

Quarante et un jours après une tentative vaine de greffe, quarante et un jours après avoir vécu sans aucune trace de moelle dans mon corps et avoir bel et bien rejeté la greffe de moelle de ma mère, ma propre moelle se recomposait d'elle-même, toute seule. Pour tous les médecins, ce qui se passait là était médicalement impossible. Tout à fait impensable! La radiothérapie avait détruit toute ma moelle d'origine et même s'il en était resté un tout petit peu, cela aurait pris beaucoup plus que 41 jours à se régénérer. En plus, cette moelle aurait probablement été porteuse de cellules cancéreuses. Elle n'aurait pu être saine, comme c'était le cas dans les analyses que les médecins avaient sous les yeux.»

«Docteure Bonny, je vais passer Noël soit dans ma famille soit à la morgue, mais je vais sortir de cette chambre.»

Hors de tout doute, Yannick était sur le chemin d'une guérison que personne ne pouvait expliquer. Pour s'assurer que sa moelle continue bien sa progression et que ses systèmes immunitaire et sanguin sont assez solides, le garçon va tout de même demeurer à l'hôpital encore plusieurs semaines afin de continuer de recevoir des transfusions de sang. «Il n'était pas question qu'ils me laissent sortir avant que j'aie le taux acceptable de $1\,000^6$ globules blancs par litre dans le sang alors que je suis demeuré longtemps en bas des 500^6 par litre[14]. Le 18 décembre 1983, la D^{re} Bonny est venue me voir pour me dire que ma condition ne me permettrait pas de sortir de l'hôpital pour Noël. Je lui ai dit: "Docteure Bonny, je vais passer Noël soit dans ma famille soit à la morgue, mais je vais sortir de cette chambre, ça c'est certain!"

Le 21 décembre, je sortais de ma chambre d'isolement pour célébrer mon retour inespéré à la maison. Les jours précédents, mes parents avaient désinfecté la maison de fond en comble. Ma médecin s'était dit que le bien-être que je trouverais à la maison valait bien, au pire, qu'elle ait à me soigner pour une bonne grosse grippe. Je suis sorti de l'hôpital avec

« Ça a pris deux ans avant que toute ma formule sanguine se soit replacée complètement. »

une immense boîte pleine de pilules pour toutes sortes de choses, entre autres renforcer mon système immunitaire et me protéger contre toutes les maladies possibles. Ce fut un bien beau Noël en famille. Je ne l'oublierai jamais.

Petit à petit, le pourcentage de ma moelle a continué d'augmenter. Ça a pris deux ans avant que toute ma formule sanguine se soit replacée complètement.

Tout le temps où j'ai été en isolement, un professeur est venu m'enseigner à l'hôpital. Il est ensuite venu chez moi. Puis, mon état de santé m'a enfin permis de retourner à l'école à partir de ma 3ᵉ secondaire. À 15 ans, je commençais même à faire des petits boulots ici et là. La vie reprenait doucement son cours. À plusieurs reprises de 1985 à 1992, j'ai tout de même dû passer des batteries de tests pour qu'on s'assure que tout demeurait stable.

« J'avais en moi la conviction que j'étais guéri. »

Et, en 1992, alors que je me rendais à un de ces rendez-vous, j'ai tourné les talons. J'avais en moi la conviction que j'étais guéri et je considérais que je n'avais plus besoin de me faire dire ce que je savais déjà. J'étais guéri, un point c'est tout ! C'était miraculeux et irréversible ! Je n'en remercierai jamais assez ma grand-mère et toutes les Sœurs de la Providence qui ont prié pour moi, sans oublier la Dʳᵉ Bonny qui, elle, a donné à la vie le temps que ce miracle advienne. Si elle avait écouté les autres médecins et m'avait retiré de la salle d'isolement, aurais-je eu le temps de bénéficier de ce miracle? Peut-être pas...»

 «Fait assez étrange, on ne peut m'émettre aucun document officiel confirmant la rémission de ma leucémie, car ce qui est arrivé après la greffe de moelle n'est pas considéré comme une rémission. Je suis tellement dans une zone grise sur le plan médical que je ne peux même pas avoir une assurance-vie! Pour les compagnies d'assurances, une personne en rémission depuis cinq ans est guérie et peut être assurée. Mais je n'ai jamais eu de rémission, moi. Pour eux, je ne suis pas assurable! Médicalement, je ne suis pas supposé être encore vivant!»

Merci grand-maman

Tout le temps où Yannick se bat contre cette sévère leucémie, sa grand-mère prie sans relâche pour lui. Au moment d'une visite des Sœurs de la Providence à la résidence de personnes âgées où elle habite, la dame leur demande en larmes d'unir leurs voix à la sienne pour prier pour son petit-fils qui risque de mourir. Touchées par cette requête émouvante, les Sœurs de la Providence créent une chaîne de prières au sein de la congrégation afin que toutes consacrent du temps de piété pour ce petit garçon bien courageux. Ainsi, pendant que Yannick vacille entre la vie et la mort, les Sœurs de la Providence invoquent avec ferveur mère Émilie Gamelin, lui demandant d'apporter paix, vivacité et santé à ce jeune enfant. Et ce sera le miracle!

Appuyé plus tard d'un important dossier monté au cours de nombreuses années et réunissant les témoignages de proches, les avis de plusieurs médecins et les analyses de différents représentants de l'Église, le cas de ce miracle est enfin présenté au Vatican 10 ans[15] après la guérison de Yannick, dans le but de demander la béatification de sœur Émilie Gamelin, dont la vénérabilité a déjà été proclamée le 23 décembre 1993. Un procès final d'études se tient du 6 au 17 octobre 1997. Le 16 décembre 1999, le *Consulta Medica*, composé de médecins romains choisis par le Vatican, vote à

La cérémonie de béatification de mère Gamelin s'est déroulée le 7 octobre 2001 à Rome.

l'unanimité la confirmation de cette guérison exceptionnelle, miraculeuse et véridique. Les théologiens reconnaissent la même chose, le 23 mai 2000. Après un vote affirmatif de la part des cardinaux, le pape Jean-Paul II signe le décret du miracle le 18 décembre 2000.

La cérémonie de béatification se déroule le 7 octobre 2001 à Rome en présence de Yannick, très ému de rencontrer le pape, ainsi que de ses parents, de la docteure Yvette Bonny, de sœur Thérèse Frigon, responsable du Bureau de la Cause de demande de béatification pour les Sœurs de la Providence, et de sœur Yvette Demers, secrétaire du Bureau de la Cause. Après des années de labeur et de persévérance, les Sœurs de la Providence voient enfin leur mère Émilie Gamelin tant aimée s'élever au rang de bienheureuse.

Rencontre avec le pape

Au moment de la béatification de mère Émilie Gamelin, Yannick a la chance de rencontrer le pape en deux occasions. La première fois, il se sent tellement intimidé qu'il ne sait que dire et a même du mal à lever les yeux vers le Saint-Père. « Combien de fois j'avais vu cette scène-là à la télé et je trouvais ça tellement impressionnant ! Bien là, c'était moi

Yannick Fréchette rencontre le pape Jean-Paul II au moment de la béatification de mère Gamelin.

qui étais en bas des quelques marches qui me menaient au pape et j'étais bien nerveux.

Je me disais, je vais profiter de ce moment-là bien comme il faut parce qu'une telle chance, ça n'arrive pas souvent dans une vie. Puis, là, quand je me suis retrouvé debout devant lui,

« Le lendemain, nous avions droit à une audience privée avec le pape. »

qu'il m'a donné la communion, je l'ai regardé un court instant, puis je me suis mis le nez dans mes bottines comme on dit chez nous, parce que j'étais trop ému et impressionné. »

La deuxième fois par contre, Yannick va se reprendre. « Le lendemain, nous avions droit à une audience privée. Mgr Turcotte était là pour expliquer au Saint-Père qui nous étions. Il m'a ainsi présenté comme le miraculé de mère Émilie Gamelin et j'ai enfin pu saisir ma chance de bien le saluer et de lui dire ma gratitude de pouvoir le rencontrer enfin. Cet instant fut vraiment parfait. »

Toucher à un miraculé

Sur le site du Vatican, pendant la cérémonie de béatification, Yannick va vivre deux rencontres particulières. Un couple le regarde avec insistance depuis un certain temps. Tout à coup, la dame s'approche de lui, pose doucement sa main sur son épaule, se met à sangloter et s'éloigne rapidement. Un peu

« Ils devaient penser que toucher à un miraculé contribuerait à apaiser leurs souffrances. »

plus tard, l'homme se présente à son tour devant Yannick sans un mot, lui ouvre délicatement les mains, y dépose un chapelet et les referme en les enveloppant des siennes.

Après quelques secondes, il reprend le chapelet avec tout autant de délicatesse et quitte le jeune homme en le remerciant d'un sourire triste. «Je ne connaissais pas ces gens. Je ne savais rien de leur histoire. Je ne leur ai rien demandé non plus. Je voyais bien qu'ils étaient très ébranlés. Ils vivaient probablement un drame qu'ils voulaient taire, mais ils devaient penser que toucher à un miraculé contribuerait à apaiser leurs souffrances. Je ne sais pas si j'ai pu les aider mais je l'espère car, moi, du fond de mon cœur, je ne les ai jamais oubliés...»

Une vie simple et tranquille

Aujourd'hui, Yannick jouit d'une bonne santé. Il va bien. Il a disposé quelques statues de mère Émilie Gamelin chez lui, dont l'une lui est très précieuse car elle lui a été offerte par les Sœurs de la Providence. Depuis sa guérison miraculeuse, Yannick n'a jamais profité de cette situation pour s'en faire une gloire personnelle. Il est encore moins question pour lui de se mettre à prêcher sur la montagne, comme il le dit si bien, même si sa rencontre avec le pape a été très marquante. L'homme de 40 ans qu'il est devenu apprécie grandement ce que sa grand-mère et les Sœurs de la Providence ont fait pour lui, mais il tient à conserver cet épisode de sa vie le plus possible dans le secret de son cœur. Il se trouve chanceux d'avoir été porté par ces prières vers cette guérison miraculeuse. Il se sent bien vivant aujourd'hui et il en remercie chaque jour le ciel. Pour lui, c'est ça le plus important!

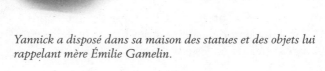

Yannick a disposé dans sa maison des statues et des objets lui rappelant mère Émilie Gamelin.

Un mot de D^re Bonny

D^re Yvette Bonny, pédiatre et hématologue, a un parcours de vie exceptionnel. Grande pionnière dans le domaine de la transplantation de moelle osseuse chez les enfants, elle a pratiqué la première greffe du genre au Québec. Femme dévouée, déterminée et généreuse, Yvette Bonny a reçu plusieurs distinctions au cours de sa carrière, dont l'Ordre du Canada en octobre 2008. La D^re Bonny nous parle de greffe de moelle osseuse mais aussi du jeune Yannick dont elle a pris soin dans les années 1980.

« Quand on fait une greffe de moelle osseuse, on donne d'abord au patient de la chimiothérapie et de la radiothérapie pour détruire entièrement sa moelle malade. Quand on a détruit toutes les cellules souches, la moelle ne peut plus se régénérer car il n'y a plus de cellules à la base de son existence. Dans le cas d'une leucémie, on détruit donc toutes les cellules souches qui sont porteuses de cancer pour ensuite greffer une nouvelle moelle saine qui formera de nouvelles cellules, qui à leur tour vont se multiplier dans le corps pour remplacer l'ancienne moelle. Donc, pour qu'une moelle se régénère toute seule, il faut qu'il reste au moins une cellule souche dans le corps, sinon ce n'est pas possible. Dans la période où Yannick n'avait plus de moelle, nous avons tout de même continué à lui donner ses traitements de soutien car il survivait très bien, il ne faisait pas de grosse infection, d'hémorragie ni autre chose qui aurait pu lui être mortel. Il réagissait bien aux traitements de soutien qui comprenaient des prises de sang quotidiennes, des transfusions et l'administration d'antibiotiques.

Yannick en compagnie de D^{re} Yvette Bonny à leur passage au Vatican pour la béatification de mère Émilie Gamelin.

Un jour, on a découvert qu'il y avait une toute petite pousse de moelle, non pas une moelle féminine qui aurait pu être liée à la greffe de la moelle de sa mère, mais bien une moelle avec des cellules masculines. Donc c'était sa moelle à lui qui se régénérait, cette moelle qu'on avait pourtant détruite entièrement avec la chimiothérapie et la radiothérapie. En plus, cette nouvelle moelle était saine, elle avait repoussé sans leucémie, ça, c'était extraordinaire!»

Est-ce un miracle?

Toutefois, quand on lui parle de miracle, D^{re} Bonny est très prudente à ce sujet. «Oh! Vous savez, moi, je n'ai pas le droit de parler de miracle, je pourrais être radiée du Collège des médecins! (*Rires*) Mais je peux vous dire que c'est vraiment une guérison extraordinaire! C'était un cas inusité pour l'époque. Aujourd'hui, la médecine a évolué. Dans une telle situation, nous avons maintenant d'autres traitements de soutien qui peuvent être des solutions, mais en ce temps-là, on n'avait pas ces choix. Une force surnaturelle a-t-elle travaillé sur le cas de Yannick? Là, je ne peux pas me prononcer. Je peux tout de même vous dire que son cas présentait trois points prodigieux. Premièrement, le garçon a pu tenir des mois sans moelle et seulement avec des transfusions; deuxièmement, c'est sa moelle à lui qui a repoussé alors qu'elle était censée avoir été détruite; troisièmement, elle a repoussé sans leucémie! Tout ça, c'est quand même fabuleux!»

Un bon petit gars

D^{re} Bonny termine en nous parlant de ce jeune patient inoubliable, un garçon volontaire et fonceur. «Yannick, c'était un battant, un petit gars très ouvert, capable de réagir de façon parfois même violente quand ça lui faisait mal, mais il s'exprimait quand ça ne faisait pas son affaire. J'allais le voir deux fois par jour. Je me souviens d'un médecin qui m'a dit un jour: "Pourquoi vas-tu le voir ainsi? Tu perds ton temps, il va mourir, ce petit." Eh bien, moi je continuais à aller le voir, il me touchait cet enfant, il luttait tellement pour sa vie, je tenais à ce qu'il sache que j'étais là. J'allais lui frotter les oreilles un peu quand il était découragé et je faisais tout pour l'encourager.

Il y avait une belle complicité entre nous. Je n'oublierai jamais la phrase qu'il avait écrite dans sa chambre d'isolement qui disait quelque chose comme: "Ici, on est positif, si vous voulez être négatif, allez ailleurs." Cette phrase-là nous a tous servi, aux médecins autant qu'au personnel. Ça nous faisait réfléchir quand on entrait dans sa chambre. Ce jeune homme, c'est toujours un bonheur de le revoir. Il connaît la valeur de la vie et il a un grand don de soi. C'est un amour. Quand je le revois, je ressens une fierté, oui, une fierté dans le sens de me dire: *il est là, il est encore là!*»

LA BONNE SAINTE ANNE

---

*« Les miracles sont des signes
de la tendresse de Dieu. »*
Jean Puyo

Sainte Anne, mère de la Vierge Marie, est vénérée depuis des siècles partout dans le monde. L'église Sainte-Anne de Jérusalem, construite en 1140, fut l'un des premiers lieux de pèlerinage dédiés à cette grande dame. La crypte de cette église est située directement sur le lieu de la maison où vécurent Anne et Joachim, les parents de Marie. Depuis, plusieurs cathédrales et églises ont érigé leur clocher en hommage à cette sainte femme. On n'a qu'à penser à la basilique Sainte-Anne-d'Auray en France, à l'église Sainte-Anne au Vatican, à la chapelle Sainte-Anne à Auderghem en Belgique et à bien d'autres encore...

Le culte voué à sainte Anne remonte au début de la piété chrétienne. Quand les premiers colons arrivent de France au Canada, cette dévotion est très vivante chez eux et fait partie de leur patrimoine religieux. Cette dévotion ne s'est jamais tarie.

Sainte Anne de Petit-Cap

En 1658, Sainte-Anne-de-Beaupré porte plutôt le nom de Petit-Cap[16]. Une vingtaine de familles y habitent déjà. On

---

Grande statue de sainte Anne, s'élevant devant la Chapelle de la relique située à l'avant gauche de la basilique Sainte-Anne-de-Beaupré.

y construit une petite chapelle en bois, non loin du fleuve. Mais le promontoire sur lequel elle est bâtie ne l'empêche pas d'être emportée par les crues du printemps. Un autre bâtiment brave ensuite marées et tempêtes jusqu'en 1876, année où on décide de construire un peu plus dans les terres la première basilique plus imposante qui la remplacera.

Celle-ci est malheureusement rasée par les flammes en 1922. La statue de sainte Anne échappe miraculeusement au brasier. L'année suivante, la première pelletée de terre de la construction de l'immense basilique d'aujourd'hui est lancée (celle-ci ne sera cependant consacrée – par le cardinal Maurice Roy – que le 4 juillet 1976). Dans toutes les demeures où elle a habité sur ces lieux, sainte Anne a toujours été ambassadrice de guérisons miraculeuses. Certaines remontent même aux premiers jours de la construction de la première chapelle.

La toute première guérison

La première guérison connue attribuée à sainte Anne remonte à 1658. Louis Guimond demeurait près du site de construction de la première chapelle. En tant qu'ouvrier, il aurait aimé participer aux travaux, mais de terribles douleurs «dans les reins» l'en empêchaient. Pourtant, un jour, il se rend sur place, s'appuyant sur sa canne, posant difficilement un pied devant l'autre. Homme pieux et dévoué à sainte Anne depuis longtemps, il espère faire tout de même sa contribution à l'édification du lieu de culte.

 Ce sera le premier miracle d'une longue lignée du genre.

Il se penche péniblement, soulève trois pierres et les dépose sur le muret des fondations en chantier. Soudain, au moment même où il se relève, il constate que ses douleurs dans le dos ont totalement disparu.

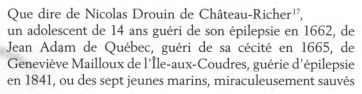

Il n'a plus aucun mal. Il n'a plus besoin de sa canne. Son médecin confirmera cette guérison inexplicable les jours suivants. La nouvelle se répand dans toute la colonie. Ce sera le premier miracle d'une longue lignée du genre.

Que dire de Nicolas Drouin de Château-Richer[17], un adolescent de 14 ans guéri de son épilepsie en 1662, de Jean Adam de Québec, guéri de sa cécité en 1665, de Geneviève Mailloux de l'Île-aux-Coudres, guérie d'épilepsie en 1841, ou des sept jeunes marins, miraculeusement sauvés

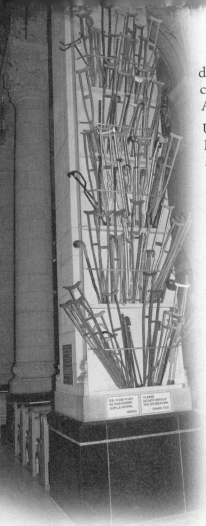

d'un naufrage en 1872, alors que chacun à bout de souffle avait prié sainte Anne de les sauver...

Un peu plus près de nous, il y a aussi Mélina Forget de Montréal, guérie de sa paralysie en 1908, sœur Simplice de Sainte-Anne-de-Beaupré, guérie de tuberculose en 1921, Graziella Dubois de Chicoutimi, guérie de paralysie infantile en 1936, madame Coulombe, guérie de paralysie faciale en 1972, et Françoise, guérie d'une hémorragie cérébrale et de paralysie en 1994... Ainsi, chaque année encore, la basilique reçoit une quantité étonnante de confirmations de faveurs obtenues par des milliers et des milliers de gens apaisés. Et si la tendance se maintient, rien ne semble présager que sainte Anne cessera le partage de sa grâce et de son amour envers tous ses pieux fidèles.

Les reliques de sainte Anne

Le Sanctuaire Sainte-Anne-de-Beaupré conserve précieusement trois reliques de sainte Anne. L'une est une partie d'os d'un doigt de sainte Anne léguée au Sanctuaire le 12 mars 1670 par Mgr François de Laval. Une autre est un fragment de 10 cm de l'avant-bras de sainte Anne, apporté de Rome le 26 juillet 1892 par Mgr Joseph Calixte Canac-Marquis. Et la Grande Relique, celle de l'avant-bras de sainte Anne, a été donnée par le bienheureux Jean XXIII le 3 juillet 1960[18].

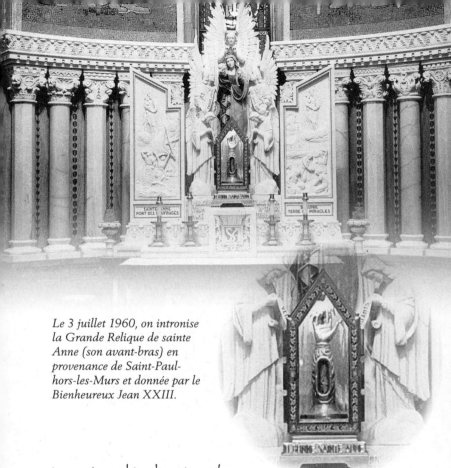

Le 3 juillet 1960, on intronise la Grande Relique de sainte Anne (son avant-bras) en provenance de Saint-Paul-hors-les-Murs et donnée par le Bienheureux Jean XXIII.

Les miraculés des *Annales* de la bonne sainte Anne

Il semble que même les *Annales de la bonne sainte Anne* aient certains pouvoirs exceptionnels. Voici deux charmantes histoires qui en font foi. En 2008, l'équipe de pastorale recevait ce petit remerciement pour faveur obtenue qui concernait cette publication. Une dame de Québec écrivait : «À dix ans, j'ai souffert d'un rhumatisme aux genoux et j'ai manqué l'école pendant toute une année entière. Ma mère avait une grande dévotion à la bonne Sainte Anne. Elle m'enveloppait les genoux avec les pages couvertures des *Annales* avant d'aller dormir.

Elle y ajoutait de nombreuses prières confiantes. Et un beau matin, toutes les douleurs étaient parties et ne sont jamais apparues par la suite[19]. »

L'autre histoire raconte comment une dame aurait préservé sa demeure d'une imminente inondation.

Mary voit le jour en 1868. Au cours des 95 années de sa longue vie, la dame prie souvent la bonne sainte Anne. Cette dernière l'exauce un jour de façon bien singulière. Son arrière-petite-fille Anne Marie relate l'événement, qu'on lui a maintes fois raconté. «Au printemps, la rivière Noire dans le secteur d'Upton avait la bien fâcheuse habitude de sortir de son lit en période de gel. Dans la rue d'En-Bas où demeurait Mary, mon arrière-grand-mère, on accueillait toujours cette saison avec une certaine appréhension. Combien de fois les terrains de ce coin-là ont-ils été inondés? On ne les compte plus.

Vers les années 1920-1930, la municipalité décide de construire un muret de béton de 1,5 m de hauteur pour tenter de contrer la fougue des eaux de la rivière tumultueuse. Néanmoins, dans les années 1950, la crue des eaux est exceptionnelle.

Un embâcle se forme rapidement sous le pont près de la maison de Mary, construite tout au bord de la rivière. À la vue des eaux qui s'approchent dangereusement de sa demeure, Mary s'inquiète. Elle a alors l'idée de déposer

« L'eau s'est arrêtée tout au bord du muret. »

plusieurs exemplaires des *Annales de la bonne sainte Anne* côte à côte sur le muret. Elle dispose des roches sur chacun d'eux pour éviter que le vent les emporte. Puis, mon arrière-grand-mère prie et supplie sainte Anne sans arrêt pour qu'elle calme la rivière. Eh bien! Fait étrange, l'eau s'est arrêtée tout au bord du muret dans la journée, juste là où se trouvait l'enfilade de revues.

« Elle avait toujours une bouteille de Windex remplie d'eau bénite. »

Ensuite les eaux se sont retirées peu à peu. Plus étonnant encore, Mary n'a plus eu à refaire ce geste, car la rivière n'est jamais montée plus haut que le muret tout le temps que mon arrière-grand-mère a vécu là!

Cette femme, qui était très pieuse, avait toujours une branche de rameau et une bouteille de Windex (idée ingénieuse de son fils, mon grand-père!) remplie d'eau bénite dont elle aspergeait les murs, les fenêtres, les meubles et même l'air ambiant les soirs d'orage, aussi souvent que ça lui semblait nécessaire, pour empêcher notamment la foudre de tomber sur la maison. En fait, mon arrière-grand-maman, elle était probablement bien appréciée des saints! »

LIBÉRÉE DE LA POLIO

« Je me suis retournée
et je l'ai vue, bien droite,
debout dans le cadre de porte. »
Monique

Voici un autre cas qui met en scène une faveur obtenue auprès de sainte Anne, mais cette fois-ci à Sainte-Anne-des-Monts en Gaspésie. Reportons-nous en août 1952. Émilia va bientôt donner naissance à une jolie petite fille. Tout va pour le mieux dans le meilleur des mondes. Sa famille va ainsi s'agrandir d'un sixième enfant. Mais la vie va déchirer leur bonheur. Au moment de l'accouchement, Émilia souffre d'une grave hémorragie et contracte la polio, ce qui entraîne une paralysie irréversible d'une de ses jambes. Sa fille Monique se souvient pour nous. « Comme elle ne pouvait plus s'appuyer sur ce membre tout tordu, ma mère était

 « La polio, c'était un virus sournois, ça ne se guérissait pas. »

condamnée à marcher avec des béquilles, alors qu'elle avait un bébé dont elle devait prendre soin en plus de cinq autres enfants à la maison. À 16 ans, j'étais la plus vieille. Notre grand-mère demeurait aussi avec nous. Je voyais bien que ma pauvre mère était complètement découragée ; elle se demandait bien comment elle allait y arriver. La polio, c'était un virus sournois, ça ne se guérissait pas. »

Émilia va peut-être pouvoir améliorer légèrement sa condition avec des exercices, mais sans plus. En 1954, deux ans après son infection, elle décide de faire une neuvaine à sainte Anne dans l'espoir d'améliorer sa condition.

 « Si sainte Anne ne me guérit pas, je vais me laisser mourir. »

« De 19 h à 20 h tous les jours, ma mère se rendait patiemment à pied, appuyée sur ses béquilles, jusqu'à l'église du village, située à une dizaine de minutes de la maison, en empruntant un chemin de terre plus ou moins praticable. En béquilles, ce n'était pas évident. Mais elle était bien déterminée à lui demander *en personne* de la guérir. Elle en a usé complètement le tissu d'un manteau sous les aisselles à cause du frottement des béquilles. Je me souviens qu'elle disait : "Si sainte Anne ne me guérit pas, je vais me laisser mourir."

Elle était bien décidée. Parfois, elle emmenait les enfants avec elle. Puis, le 26 juillet, jour de la fête de Sainte Anne, elle s'est rendue à la bénédiction des malades en milieu d'après-midi. Après la cérémonie, elle est demeurée dans l'église. Elle pleurait. Le curé s'est approché d'elle et lui a demandé ce qui la chagrinait. Ma mère lui a répondu : "Je ne veux pas partir d'ici sans être guérie. Si sainte Anne ne me guérit pas, je ne m'en vais pas !" Mais bon, l'heure du

souper est arrivée, elle a dû quitter l'église pour rentrer à la maison, mais elle était bien triste. Elle ne voulait pas souper, elle n'a pris qu'une tasse de thé et s'est retirée dans

« *Elle était devant moi, debout sur ses deux jambes, se tenant sans béquilles.* »

sa chambre, toute seule. Une heure plus tard, alors que j'étais en train de laver la vaisselle, j'ai soudain senti une présence derrière moi. J'étais seule dans la cuisine. Je me suis vite retournée et j'ai vu ma mère, là, bien droite, debout dans le cadre de porte de la cuisine. Elle était devant moi, debout sur ses deux jambes, se tenant sans béquilles.

Je n'oublierai jamais son visage à ce moment-là. Elle était radieuse, souriante, resplendissante! Et elle m'a dit d'une voix convaincue: "Je m'en vais tout de suite porter mes béquilles à l'église." Elle est descendue dans la rue, ses béquilles sous le bras, le sourire aux lèvres, et s'est dirigée d'un pas assuré vers l'église. Estomaqués, nos voisins et les gens du village la regardaient passer avec étonnement; certains lui emboîtaient même le pas. C'est une petite foule qui est ainsi arrivée à l'église. Émilia est allée voir le curé, bien impressionné lui aussi par cette guérison soudaine. Les jours suivants, nous avons eu beaucoup de visite à la maison! Certains venaient la voir et lui demandaient de marcher devant

« *Quelques jours plus tard, nous avons reçu un étrange colis d'un expéditeur anonyme.* »

eux, d'autres voulaient la toucher. Maman était complètement guérie et elle n'a eu aucune séquelle. Son médecin n'en revenait pas. Il a confirmé qu'il l'avait bien vue paralysée et que là, maintenant, elle était bel et bien entièrement guérie. C'était une guérison miraculeuse et inexplicable. D'ailleurs,

quelques jours plus tard, nous avons reçu un étrange colis d'un expéditeur anonyme.

Ce fut toute une surprise de déballer une belle statue de sainte Anne d'environ 50 cm de hauteur. On n'a jamais su qui était le gentil donateur. Maman a fait aménager une tablette dans sa chambre spécialement pour y déposer ce beau cadeau. Fait amusant, quand elle lui demandait quelque chose qui ne se réalisait pas, elle mettait carrément la statue en punition dans la garde-robe de façon à ce que sainte Anne ait le visage face au mur. Mais je vous dirais que la plupart du temps, elle obtenait pas mal ce qu'elle désirait et la bonne Sainte est surtout demeurée bien en vue sur sa tablette! Maman a bien vécu jusqu'à ses 62 ans. Elle

 «Nous, dans la famille, on n'a pas le choix de croire aux miracles. »

nous a quittés le 4 mai 1973. C'est moi aujourd'hui qui ai sa statue; je l'ai gardée en souvenir de cette femme courageuse qu'était ma mère. Je peux vous dire une chose, nous, dans la famille, on n'a pas le choix de croire aux miracles, on y a assisté et moi, en particulier, je peux même dire que j'étais aux premières loges! Alors, chaque année, à la fête de Sainte Anne, nous allons tous à l'église en remerciement de ce cadeau extraordinaire que cette sainte dame nous a offert un beau jour inoubliable de juillet 1954.»

Et si le cerveau influençait notre corps ?

Le documentaire *Le cerveau mystique*[20] et le livre *Du cerveau à Dieu*[21] de Mario Beauregard sont fort intéressants. Ce chercheur en neurosciences de l'Université de Montréal s'est intéressé à l'expérience mystique de moines bouddhistes et de sœurs carmélites alors que ceux-ci étaient en méditation ou en prière. Il a examiné la façon dont leur cerveau accueillait ces expériences spirituelles. Il n'est pas en mesure d'expliquer la possible dominance de l'esprit sur la matière, de l'effet placebo et de la force de la volonté – comme ce serait le cas, selon certains, dans les guérisons inexpliquées –, mais il ouvre une brèche scientifique importante sur la question. Il tente ainsi de chercher plus loin que la thèse qui prétend que l'homme serait un simple robot biologique déterminé par ses gènes et ses neurones. Il a donc effectué des scanners et différentes analyses du cerveau de moines et de carmélites au moment où ils sont en pleine expérience mystique ou spirituelle afin d'étudier les réactions chimiques qui se produisent. Il voulait tenter de démontrer que l'être humain peut avoir une influence sur ce qui se passe dans son cerveau sur le plan électrique et chimique, notamment sur sa sécrétion de sérotonine, cette hormone qui a une influence sur l'humeur. Cela pourrait éventuellement avoir une incidence dans les cas de santé mentale. M. Beauregard tient toutefois à s'en tenir aux résultats de ses recherches sans élaborer de théories et, en tant que scientifique, ne peut surtout pas se permettre d'extrapoler sur le fait que ces états de bien-être pourraient aller jusqu'à stimuler une guérison dite miraculeuse.

LE VIBRANT REGARD
DE LA VIERGE MARIE

« Qu'est-ce qu'un miracle,
sinon la génuflexion gracieuse de la nature
et de ses lois devant leur Créateur ? »
Didier Decoin

Le Petit Sanctuaire de Notre-Dame-du-Cap, à Trois-Rivières, est la plus ancienne église conservée dans son intégrité au Canada. Discrète petite structure en pierres bâtie en 1720, elle se trouve sur le vaste site de l'impressionnante basilique construite en 1955 et inaugurée en 1964. Le Sanctuaire Notre-Dame-du-Cap est le plus important sanctuaire et lieu de pèlerinage dédié à Marie en Amérique du Nord et certainement parmi l'un des plus beaux, étant situé en bordure du fleuve Saint-Laurent à Cap-de-la-Madeleine (Trois-Rivières). Ce qui en fait un endroit bien particulier aussi, ce sont tous ces miracles attribués à la Sainte Vierge des lieux et dont on parle partout dans le monde.

Le miracle du pont de glace

En 1854, année de la proclamation du dogme de l'Immaculée Conception, un paroissien fait don à l'église d'une belle statue de la Vierge. Avec le temps, la petite église

La statue de la Vierge Marie du Petit Sanctuaire
de Notre-Dame-du-Cap.

devient trop petite pour accueillir tous les fidèles. Cap-de-la-Madeleine compte déjà 1 300 habitants. Il faut donc en construire une plus grande. Or, le sol trop friable du cap ne contient pas assez de pierres pour bâtir la grande église. Même si on pense démolir la petite église actuelle afin d'en utiliser les pierres pour les fondations de la nouvelle, on en a besoin de plus encore. La solution se trouve de l'autre côté de la rive. Les marguilliers décident de faire traverser des pierres de l'autre rive au milieu de l'hiver quand le

Le curé Luc Désilets fait alors une promesse à la Vierge. Si elle lui permet de transporter les pierres de la rive sud à sa rive nord, il ne détruira pas la petite église et lui dédiera.

fleuve sera gelé. Mais, ô tristesse, l'hiver 1878-1879 est tellement doux que la glace ne prend pas sur le fleuve. Comment faire alors? Prier la Vierge Marie. Une multitude de chapelets sont ainsi récités dans l'espoir que le fleuve gèle enfin. Et pourtant, mars 1879 s'amène et rien n'annonce une gelée, même qu'on se dirige allègrement vers le printemps. Le curé Luc Désilets fait alors une promesse à la Vierge. Si elle lui permet de transporter les pierres de la rive sud à sa rive nord, il ne détruira pas la petite église et lui dédiera.

Et c'est le miracle! Le soir du 16 mars, un étonnant passage de glace se forme étrangement sur le fleuve d'une rive à l'autre sur une distance d'environ 2 km et demeure en place

EN 1924, un petit pont a été construit sur le site du Sanctuaire Notre-Dame-du-Cap. Orné de chapelets, il enjambe un joli ruisseau. Il commémore les intenses prières récitées par les paroissiens dans l'espoir de voir le fleuve se couvrir de glace au cours du célèbre printemps 1879.

jusqu'au 25 mars, permettant de faire tous les allers-retours nécessaires avec les carrioles remplies de pierres tirées par des chevaux. Dans toute la région, on parle du miracle du pont de glace; on le baptise même «le pont des chapelets». Alors que le dernier chargement est déposé sur la rive et que les chevaux retournent vivement vers la rive sud, le temps se réchauffe et, quelques heures plus tard, la glace se met à fondre rapidement.

Certains s'amusent aujourd'hui à dire que la Sainte Vierge avait probablement un œil sur la petite église où elle espérait s'installer. C'est pourquoi, le 22 juin 1888, on a disposé sa statue sur le maître-autel. La petite église portera le nom de «Sanctuaire» jusqu'au moment de l'inauguration de

Le Petit Sanctuaire de Notre-Dame-du-Cap.

la grande basilique en 1964, où elle sera rebaptisée du nom de «Petit Sanctuaire».

Elle ouvre les yeux

Un autre miracle mémorable va ponctuer la vie paisible des habitants de Cap-de-la-Madeleine. Le soir inaugural de ce fameux 22 juin 1888, vers les 19 h, le curé Désilets, le père Frédéric et M. Pierre Lacroix se rendent à la petite

 «La statue de la Vierge, dont les yeux sont habituellement fermés, avait tout à coup les yeux grands ouverts.»

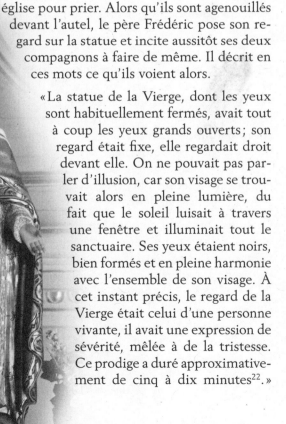

église pour prier. Alors qu'ils sont agenouillés devant l'autel, le père Frédéric pose son regard sur la statue et incite aussitôt ses deux compagnons à faire de même. Il décrit en ces mots ce qu'ils voient alors.

«La statue de la Vierge, dont les yeux sont habituellement fermés, avait tout à coup les yeux grands ouverts ; son regard était fixe, elle regardait droit devant elle. On ne pouvait pas parler d'illusion, car son visage se trouvait alors en pleine lumière, du fait que le soleil luisait à travers une fenêtre et illuminait tout le sanctuaire. Ses yeux étaient noirs, bien formés et en pleine harmonie avec l'ensemble de son visage. À cet instant précis, le regard de la Vierge était celui d'une personne vivante, il avait une expression de sévérité, mêlée à de la tristesse. Ce prodige a duré approximativement de cinq à dix minutes[22].»

Cet événement demeure l'un des plus importants liés à la Vierge Marie du Sanctuaire Notre-Dame-du-Cap.

Par contre, d'autres miracles ont aussi suscité beaucoup d'intérêt et confirmé par leur importance la force de la dévotion de pieux fidèles. Découvrons l'histoire de la guérison miraculeuse d'Isabelle Naud.

Une mystérieuse guérison

Isabelle Naud[23] grandit dans une famille de sept enfants à Portneuf, à une soixantaine de kilomètres de Cap-de-la-Madeleine. Le 30 avril 1938, alors qu'elle est à décorer une salle de classe pour le mois de Marie, elle bascule de l'escabeau où elle est montée. Elle chute sur le coin d'un pupitre et se blesse gravement à la hanche gauche. Elle a

 La déformation de sa hanche entraîne une déviation de son dos, si bien qu'elle en vient à marcher extrêmement courbée vers l'avant.

alors 15 ans. Malgré tous les soins qu'on lui prodigue, son état ne fait que se détériorer de jour en jour. Au cours des dix années qui suivent, elle consulte des dizaines de médecins qui ne savent que faire pour remédier à sa condition qui dégénère. Ils diagnostiquent son état incurable. La déformation de sa hanche entraîne une déviation de son dos, si bien qu'elle en vient à marcher extrêmement courbée vers l'avant.

Isabelle finit par entrer au couvent des Sœurs de la Charité, dans l'espoir de trouver une certaine harmonie dans la vie religieuse. Ses compagnes de l'époque disent d'elle : « Quand on entend quelqu'un tomber, on n'a pas à se poser de questions. C'est toujours sœur Isabelle. » Il est vrai qu'Isabelle se retrouve bien plus souvent qu'à son tour le postérieur sur le plancher. Un spécialiste des os, le docteur Antoine Pouliot, tente même un jour de la plâtrer dans un corset

de la hanche à l'épaule pour mieux lui soutenir la colonne vertébrale. Mais rien n'y fait.

Sa santé se dégrade

Sœur Isabelle marche maintenant pliée en deux. Elle souffre tellement qu'elle passe de plus en plus de temps au lit.

 Tous les soirs avant de s'endormir, elle récite son rosaire, les bras en croix.

Elle finit par se retrouver en fauteuil roulant. La tuberculose osseuse attaque son corps, ses poumons sont atteints et elle crache du sang.

Elle est pâle et ses proches craignent le pire. On trouve bien triste que cette jeune femme qui travaillait pour Marie ait été si mal récompensée de son dévouement. Malgré son découragement, Isabelle se remet quand même de cette dégringolade de sa santé et se consacre aux prières et aux bonnes œuvres. Elle se retire notamment en retraite fermée chez les Sœurs de Marie-Réparatrice, elle fonde un centre marial réunissant des jeunes filles de Portneuf et elle organise le rosaire les dimanches après-midi à l'église paroissiale. Tous les soirs avant de s'endormir, elle récite aussi son rosaire, les bras en croix.

Visites assidues au Sanctuaire

Chaque année, Isabelle se rend au Sanctuaire du Cap le 15 août, fête de l'Assomption de Marie. Elle remet sa guérison entre les mains de Marie. En août 1947, elle croit tellement au pouvoir de la Vierge qu'au moment de la bénédiction des malades, elle tente de se lever mais s'écroule

 «Je ne vous demande pas de me guérir, mais placez-moi dans le meilleur état pour pouvoir vous faire connaître et aimer. »

par terre et se blesse. L'année suivante, sa mère l'amène à nouveau au Sanctuaire à une condition : «Tu n'essaies pas de te lever, sous aucune considération. » Isabelle demande alors à la Vierge : «Je ne vous demande pas de me guérir, mais placez-moi dans le meilleur état pour pouvoir vous faire connaître et aimer. »

Le 15 août 1948, comme à l'habitude, elle se rend en voiture avec sa famille à la fête de l'Assomption. En route, ils récitent à haute voix le rosaire, entrecoupé de «Notre-Dame du Cap, priez pour nous». Ce jour-là pourtant, sa vie va être transformée.

Le miracle

Isabelle et sa famille participent aux prières de la cérémonie et, avant de quitter l'église, la jeune femme demande à être

 «Belle Sainte Vierge, tu ne veux donc pas que je marche?»

conduite au pied de l'autel. De son fauteuil roulant, elle ne peut s'empêcher de s'écrier devant la statue de la Vierge: «Belle Sainte Vierge, tu ne veux donc pas que je marche?»

Elle quitte les lieux en larmes et rentre à la maison. Sur place, la jeune femme se retire dans sa chambre dans l'attente du souper. Elle se plonge dans ses prières.

Soudain, elle sent monter en elle une vivacité inconnue, une étrange énergie qui circule dans tous ses membres. Sans se poser de questions, elle se lève debout instantané-ment, fait quelques pas, puis sort de sa chambre et s'élance

Ces quatre photos montrent les différents stades de la condition physique difficile d'Isabelle Naud, jusqu'à sa guérison complète. Remarquez, sur la deuxième photo, sa jambe gauche plus courte et plus petite. La quatrième photo a été prise le lendemain de sa guérison, le 16 août 1948.

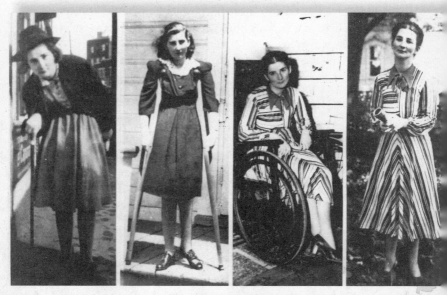

vers sa mère qui lui ouvre les bras. «Maman, je marche, je marche!» Toute sa famille est estomaquée. Isabelle ne ressent plus aucune malaise. Sa jambe gauche plus courte de 6 cm est maintenant de la même longueur que la droite. Elle enlève son corset et constate que sa colonne vertébrale est de nouveau droite et solide.

 «La nouvelle d'une guérison étonnante s'est répandue comme une traînée de poudre dans Portneuf et, le soir même du 15 août, quatre cents visiteurs se sont rendus à la demeure de la famille Naud pour y féliciter la jeune fille, qui les accueillait elle-même à la porte. [...] Elle était débordante de vie et d'esprit...»

Le Nouvelliste, 17 août 1948

On vient de partout pour la voir

Isabelle attire même des Américains qui font des kilomètres de route pour voir la «miraculée». La jeune femme

 N'a-t-elle pas fait une promesse à la Vierge un jour?

se fait accueillante et s'en remet à la Vierge Marie. Elle est enfin libérée de son fauteuil roulant et si elle peut aider d'autres personnes à vivre une telle guérison par la force de leur piété, elle est prête à partager ce temps avec eux. N'a-t-elle pas fait une promesse à la Vierge un jour? «Placez-moi dans le meilleur état pour pouvoir vous faire connaître et aimer.»

Isabelle Naud, en pèlerinage au Sanctuaire Notre-Dame-du-Cap, huit jours après sa guérison miraculeuse.

Par la suite, elle fait tout pour prouver sa reconnaissance envers la Vierge de Notre-Dame du Cap. Elle organise des pèlerinages au Sanctuaire du Cap-de-la-Madeleine, distribue les *Annales* de porte en porte, rend visite aux malades, organise des récitations de chapelet à l'église et donne des conférences. Aujourd'hui encore, il semble bien que l'histoire du miracle d'Isabelle Naud ait inspiré plusieurs fidèles. On ne peut compter tous ceux qui ont depuis confié leurs douleurs à la bonne Vierge Marie. À lire les nombreuses rubriques «Merci! O Notre-Dame du Cap» de la revue *Notre-Dame du Cap*, il semble bien que plusieurs aient été entendus.

Mystère ou miracle ?

« Il faut distinguer mystère et miracle, nous rappelle Louis Dubé de l'association des Sceptiques du Québec. La nature est remplie de secrets mystérieux que notre curiosité scientifique nous incite à tenter progressivement d'élucider ; ils ne sont pas surnaturels pour autant. Un miracle serait un événement mystérieux et inexplicable, mais survenu en réponse à une prière adressée à Dieu. Aucune étude scientifique n'a démontré l'efficacité de la prière d'intercession : dans des conditions cliniques contrôlées, le groupe de patients pour lequel on prie, à son insu, ne se porte pas mieux que celui pour lequel on ne prie pas.

Il y a, bien sûr, des guérisons dites "miraculeuses", comme à Lourdes, à Sainte-Anne-de-Beaupré ou à l'Oratoire Saint-Joseph. Mais, rien de plus de ce côté-là, en moyenne, que des guérisons spontanées dans les hôpitaux : un cancer, par exemple, se guérit parfois par lui-même sans qu'on sache pourquoi. Le frère André a été canonisé sur la foi de deux guérisons alléguées, obtenues par la prière de croyants. L'Église a reconnu ces deux miracles, mais elle ne se préoccupe pas des milliers d'autres prières adressées au frère André qui n'ont pas été exaucées. Le taux de succès du frère André est-il meilleur que celui des nombreuses guérisons spontanées non attribuables à son intercession ? Les Sceptiques du Québec en doutent. »

PARTIE 2

LA FORCE
DE LA PENSÉE

Il y a des moments dans la vie où
l'on a besoin de faire confiance.

Des moments où notre volonté n'a pas dit
son dernier mot, où nous repoussons
les limites de l'impossible.

Parfois, la pensée est plus forte que la mort,
parfois, notre pensée est plus forte que tout.

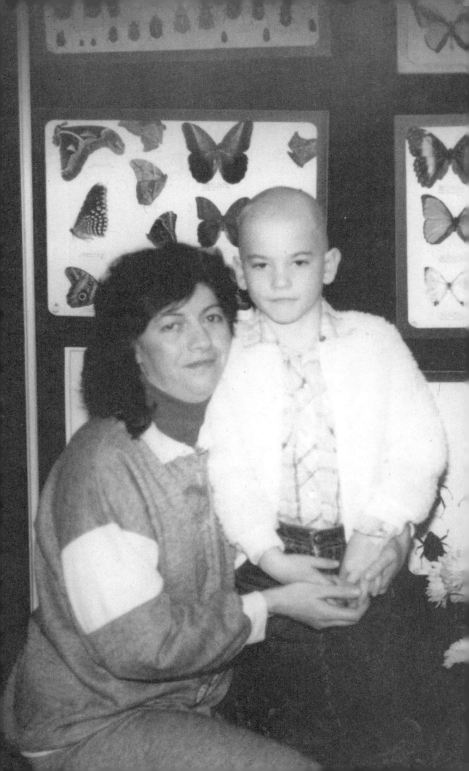

LE PETIT GARÇON
QUI TERRASSA
UN GRAND CANCER

———— ✦ ————

« La vie, c'est comme un torrent,
tu dois suivre son courant ! »
David

La troublante histoire de David Marenger a fait le tour du monde. Ce garçon attachant a ému bien des gens par sa bouleversante victoire contre un cancer qui aurait pourtant dû lui soutirer la vie. David ne devait même pas atteindre l'âge de 8 ans. Et pourtant, il en a été autrement. Il a près de 30 ans aujourd'hui. Son sourire est communicatif, le pétillant dans ses yeux est éblouissant. Son bonheur de vivre est contagieux et nous bouleverse dès les premiers instants où l'on se trouve en sa compagnie. Le côtoyer rend meilleur et rappelle que la vie nous donne des leçons de foi qui ébranlent.

Le petit bonhomme au visage rond comme une lune a défié tous les pronostics des médecins. Il a livré une bataille courageuse contre un cancer du cervelet. Et ce garçon haut comme trois pommes a triomphé de ce mal virulent. Grâce à son obstination, mais grâce aussi à la volonté et à la persévérance de sa tendre mère, Yolande Laberge, qui fut aux côtés

David à l'âge de huit ans, en 1989, avec sa mère Yolande
au Jardin botanique de Montréal.

de son petit combattant à chaque seconde. Cette femme courageuse n'a jamais baissé les bras et a porté son fils vers le bien-être par la force incommensurable de son amour. Yolande a respiré chaque bouffée d'air que David expirait. Contre toute attente, au grand étonnement des médecins et au profond bonheur de sa mère, David Marenger est toujours bien vivant.

Est-ce un miracle? Il semble bien que oui. Son histoire poignante est des plus inspirantes. Le jeune homme et sa mère ont accepté de nous ouvrir les pages les plus significatives de leur quête unique vers la santé. Pour David et Yolande, l'expression «joie de vivre» prend tout son sens chaque jour, chaque minute de leur vie.

Les premiers pas en bonne santé

David est né le 16 août 1981. Bon petit poupon, il fait ses nuits à quatre mois, il marche à un an, il est en forme et plein d'énergie. Toutefois, une aura de violence hante sa vie. Sa mère vit des difficultés conjugales qui ponctuent leur vie de brutalité. À quatre ans, David est témoin d'une scène dure dans la voiture familiale alors que son père frappe sa mère et lui casse le nez. Yolande sort de la voiture, prend son petit sous le bras et s'enfuit. À la maison, David ressent la peur en présence de son père. Il se sent mieux quand il n'est pas là. Un jour, l'homme le bouscule violemment. David a de plus en plus peur de lui. Alors qu'il n'a que cinq ans, ses parents se séparent. Le petit garçon développe une anémie difficile à traiter. Son père, qui a un droit de visite malgré

 «Quand il ne donnait pas signe de vie, je me sentais comme un déchet.»

son comportement violent, ne vient cependant chercher son fils qu'une fois sur dix. Il l'oublie carrément. David se souvient encore de ces longs moments à l'attendre. «Malgré tout, j'étais son fils. On avait quand même eu quelques

David à l'âge de six ans, en avril 1987, quelques mois avant le diagnostic de sa leucémie.

bons moments ensemble par le passé. J'espérais autant qu'il vienne me chercher que j'appréhendais d'être seul avec lui. J'avais toujours peur qu'il me batte. Mais quand il ne donnait pas signe de vie, je me sentais comme un déchet, comme si je n'étais rien.»

Premiers signes avant-coureurs

Après la séparation, la vie de Yolande et de David est plus calme et douce. Le petit garçon semble fragile, mais demeure vif et heureux. Pourtant, un mal sournois croît en lui petit à petit. Ses parents ne vivent plus ensemble depuis 11 mois déjà. Au début de septembre 1987, David souffre de violents maux de tête et de vomissements. Comme il vient de commencer l'année dans une nouvelle école,

Yolande pense que le stress causé par la présence des grands dans la cour en est la cause. David a six ans. Il est plutôt frêle. Yolande ne s'inquiète pas. Les résultats d'examens médicaux de son fils incitent toutefois leur médecin de famille à leur faire rencontrer un spécialiste à l'hôpital Sainte-Justine. Nous sommes le 15 septembre. La journée est belle et ensoleillée. Tante Gisèle, Yolande et David se rendent à l'hôpital sans trop d'inquiétude. Yolande pense que son médecin veut s'assurer, lui aussi, que ce n'est que du stress. Elle croit en une simple consultation de routine. Yolande nous raconte la chronologie de cette journée éprouvante. «J'avais apporté avec moi toutes les radiographies et

 «Ma vie venait de s'écrouler en une fraction de seconde.»

les résultats des examens. Je me disais qu'ainsi le spécialiste aurait tout en main et que cela serait plus rapide. Nous sommes entrés à l'hôpital à midi, David a passé un premier scanner à 16 h et, à 18 h 30, le neurochirurgien nous annonçait que mon petit garçon avait une tumeur au cervelet. J'étais sous le choc! Ma vie venait de s'écrouler en une fraction de seconde.

Mon fils devait subir au moins deux graves opérations le plus rapidement possible. Je ne voulais plus rien entendre. J'étais incapable d'absorber la nouvelle. Je ne voyais pas comment j'allais avoir la force de vivre une telle épreuve. J'aurais aimé retourner un jour en arrière, alors qu'on ne savait rien, que le soleil brillait, que la vie nous semblait si belle. Mais on ne peut reculer le temps comme on peut le faire avec une bande magnétique. J'étais complètement déboussolée, mais je ne devais surtout pas le montrer à mon fils. Il était si petit pour se battre contre quelque chose d'aussi grand!»

Dès ce moment, Yolande se promet une chose. Elle va tout faire pour protéger David et ne lui dire que l'essentiel.

Elle ne fera jamais rien ni ne lui dira quoi que ce soit pour l'apeurer et trouvera toujours les mots pour lui expliquer ce que les médecins lui font. Puis, elle ne sera pas seule. Elle trouvera auprès de sa sœur Gisèle, de son amie Denise et de ses parents une aide fidèle, précieuse et réconfortante.

D'une opération à l'autre

Le 18 septembre 1987, David subit sa première intervention. D'une durée de 2 h 30, cette dérivation ventriculo-péritonéale sert à installer une valve sur le côté droit du

 «J'étouffais mon inquiétude jusqu'au plus profond de mon ventre. »

crâne du garçon afin de permettre au liquide céphalorachidien de circuler librement. Yolande a expliqué en ces mots l'opération à son fils : «Je lui ai dit que les médecins allaient installer un petit tuyau dans sa tête pour faire de la place, pour diminuer ses maux de tête et ses vomissements.

David m'a demandé si ça allait lui faire mal et je lui ai répondu qu'on lui donnerait une petite pilule pour l'engourdir, puis que l'opération se ferait alors qu'il dormirait. Il n'a pas semblé inquiet. Pour lui, l'important, c'était que ça

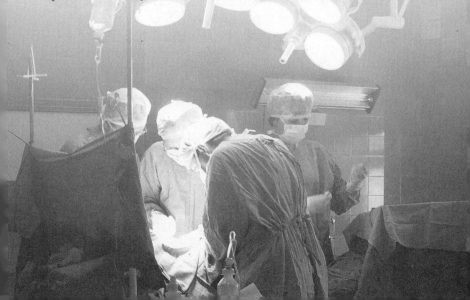

26 septembre 1987. À la suite de sa première opération,
David est de retour à la maison.

ne fasse pas mal. Moi, j'étouffais mon inquiétude jusqu'au
plus profond de mon ventre. Je faisais tout pour lui cacher
mon anxiété. David est revenu affaibli de cette opération,
mais calme et patient. Ses maux de tête avaient grandement
diminué. Les médecins étaient satisfaits de l'intervention.
Je me rassurais en me disant qu'on avait fait un pas de plus
vers sa guérison. »

Puis, le 29 septembre, David doit subir une autre intervention, celle-là beaucoup plus importante. Quelques minutes
avant que son fils entre dans la salle d'opération, Yolande
apprend les résultats de l'analyse du liquide céphalorachidien. La tumeur du cervelet de David est maligne. C'est
un cancer, appelé médulloblastome, gros comme une tan-
gerine. Cette chirurgie-là est encore plus essentielle car

elle doit permettre de l'extraire. Cachant tout à son fils, Yolande est pourtant terrifiée. Le rival est maintenant de taille et son David est un si petit garçon. «Il est demeuré cinq heures sur la table d'opération. J'aurais aimé être là

 «Il fallait qu'ils soient très méticuleux pour causer le moins de séquelles possible.»

pour lui tenir la main. Probablement que ça aurait été beaucoup plus pour me rassurer, moi, que lui. L'opération était très délicate. Je les ai mille fois imaginés ouvrir son cerveau, chercher la tumeur, l'enlever, gratter pour n'en laisser aucune trace, puis refermer le tout en espérant que ce soit une réussite.

Le cervelet est entre autres le centre de l'équilibre. Il fallait qu'ils soient très méticuleux pour causer le moins de séquelles possible. Les médecins sont sortis de la salle et m'ont annoncé que l'opération avait été un succès. Il s'agissait maintenant de voir si mon fils aurait des séquelles...»

Tout réapprendre

Deux semaines passent durant lesquelles David demeure dans son lit sous fortes médications pour apaiser la douleur. Ses proches remarquent quand même qu'il a du mal à s'exprimer. Il n'utilise que des monosyllabes. Peu à peu, on découvre que les séquelles sont assez

16 novembre 1987. David, quelques semaines après sa deuxième opération. On le voit ici avec son ours en peluche qu'il a baptisé Tao Tao.

importantes. David a de sérieux problèmes d'élocution, il perd l'équilibre, ses mains tremblent. Yolande n'a rien oublié de cet épisode non plus. «Il marchait comme s'il était

ivre. Ça me désolait tellement. Mais je l'encourageais sans arrêt. Il a donc dû tout réapprendre: à marcher, à parler, à manger.

Puis, l'orthothérapeute nous a proposé de lui apporter son tricycle à l'hôpital pour se promener. Ainsi équipé, il ne perdrait pas l'équilibre et cela lui permettrait d'exercer sa motricité. Ce fut très bénéfique. Je l'ai enfin vu sourire. Il tenait le coup, il ne lâchait pas, il me donnait même de la force à moi. Il revenait à lui. J'avais l'impression que le pire était derrière nous. Mais la bataille n'était pas complètement gagnée. Il fallait maintenant enrayer absolument toutes les cellules cancéreuses qui pouvaient rester encore dans son organisme.»

Ne donner aucune chance au cancer

David se souvient un peu plus de cette période-là. «J'étais encore bien jeune, mais ma mère m'a raconté à quel point

j'en avais assez des piqûres et des examens à ce moment-là. Je devais subir un nombre incalculable de prises de sang pour surveiller si le cancer ne se pointait pas à nouveau. J'avais surnommé les infirmières, les "vampires". Combien de fois j'ai crié de peur en les voyant entrer dans ma chambre pour une autre prise de sang...»

Yolande se sentait impuissante face à la douleur de son fils. «Un jour, je suis entrée dans sa chambre et quatre infirmières le tenaient pour tenter de l'immobiliser afin de lui faire une prise de sang. Il pleurait, il criait, c'était bouleversant. Je leur ai demandé de nous laisser un moment. J'ai pris David dans mes bras, je l'ai serré bien fort, on est demeurés ainsi un bon moment collés l'un contre l'autre, puis je l'ai senti s'apaiser. Il s'est ensuite laissé faire. Mais j'aurais tellement aimé prendre sa place un seul instant!»

Tout au long de ce terrible épisode interminable de leur vie, Yolande peut compter sur l'affection indéfectible de sa sœur Gisèle, tante Gigi comme l'appelle David. Elle est là pour elle, elle lui permet de se reposer à l'occasion, elle la remplace quand elle doit être ailleurs, elle fait le chauffeur, elle est sa confidente et elle deviendra la deuxième mère de David. Elle a été un phare dans leur vie. «Une chance qu'on s'a», dira plus tard David à son sujet. Gisèle va offrir des petites douceurs au jeune garçon, s'en occuper comme de son enfant, l'encourager sans cesse. «Je ne sais pas comment j'y serais arrivée sans elle, se rappelle Yolande. David et moi, on n'oubliera jamais tout ce qu'elle a fait pour nous. Elle a été d'un si grand réconfort et m'a poussée à ne jamais baisser les bras.»

Entre-temps, Yolande se plonge dans tous les documents qui peuvent la renseigner sur cette terrible maladie et sur les chances de guérison. Finalement, elle décide d'adopter une attitude qu'elle conservera toujours. Croire au possible donne des ailes, tandis que baisser les bras paralyse. Elle s'attache à une ligne de pensée qui ne la quittera plus. «Nous allons en venir à bout.»

Une patience d'ange

Le 27 octobre, David apprend qu'il doit maintenant subir des traitements de radiothérapie. L'opération a éliminé la plus grande partie de la tumeur, mais la radiothérapie est nécessaire afin de détruire toutes les cellules cancéreuses restantes. Le garçon de six ans impressionne tout le personnel médical par sa patience. On doit d'abord lui fabriquer

«Ils lui dessinaient des repères sur la tête.»

un moule entier du devant du corps qui permettra de l'immobiliser durant ses traitements. Pour ce faire, le petit doit demeurer couché sur le dos une heure trente sans bouger sur une table spéciale pour mouler son corps. Il écoute attentivement les consignes et demeure sage comme une image. Puis commencent les traitements. Yolande nous raconte. «Ils lui dessinaient des repères sur la tête pour cibler très précisément le point de rayonnement de la radiothérapie.

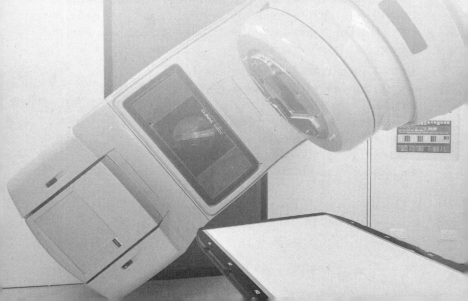

Chaque traitement durait de trois à quatre minutes au cours desquelles mon petit gars ne pouvait pas du tout bouger. Il a fait ça comme un grand sans jamais se plaindre une seule fois. J'étais si fière de lui. Nous devions y aller cinq jours par semaine, pendant six semaines. De retour à la maison, David vomissait tout ce qu'il avait dans le corps, même les médicaments qu'on lui avait administrés à l'hôpital pour

«Après le septième traitement, on a reçu encore une fois tout un choc!»

calmer la douleur. Il a perdu tous ses cheveux. Ensemble, on avait décidé de compter à rebours les traitements qui restaient sur le calendrier. David pleurait parfois, mais ne se décourageait jamais. Je devais, moi aussi, tenir le coup et demeurer convaincue que nous allions gagner la bataille. Mais après le septième traitement, on a reçu encore une fois tout un choc!»

Vingt-quatre mois à vivre

Le médecin convoque Yolande dans son bureau. Au visage sombre qu'il affiche, les nouvelles ne s'annoncent pas bonnes. L'homme lui explique que la sévérité du cancer demande de trop fortes doses de radiothérapie pour un enfant aussi jeune. Cela occasionnera d'importants effets secondaires et ne prolongera la vie de David que de quelques mois; encore faut-il qu'il soit capable d'absorber ces doses colossales. Le cancer ne peut donc être traité totalement et il va inévitablement proliférer.

«Je n'en revenais pas. Le médecin venait de me dire que les seuls traitements que pouvaient recevoir David n'avaient pas la moindre chance de sauver mon fils de la mort. Ce jour-là, on m'a appris que mon fils allait mourir! Qu'on lui donnait tout au plus 24 mois à vivre! Qu'on ne pouvait pas le sauver, juste étirer son existence de quelques mois à peine, et ça, dans la souffrance... J'étais estomaquée. Je n'avais jamais

envisagé un tel scénario, mais là, on y était. Je ne pouvais pas
m'y résoudre. Pourtant... les médecins devaient savoir, eux...

Les jours suivants, j'ai réuni tous les membres de la famille.
Je leur ai annoncé la triste nouvelle. Par contre, j'ai demandé à chacun d'entre eux de ne jamais faire allusion à la
mort en présence de David. Pour moi, il n'était pas question qu'il soit au courant. Puis, je suis retournée voir mon
fils à l'hôpital. Il était bien mal en point à cause des traitements. Il avait des maux de cœur presque en permanence,
les bras pleins de bleus à cause des piqûres et il était drogué
à la morphine. Il était en train de mourir dans un état la-
mentable dans une chambre d'hôpital terne.

 «Viens-t'en mon gars, on s'en va à la maison!»

La médecine avait fait de son mieux, elle ne pouvait rien
faire de plus pour mon fils. J'ai alors pris une importante
décision. J'ai pris des sacs, je les ai remplis des nombreux
oursons en peluche reçus en cadeaux, tandis que David me

regardait d'un air ébahi. Et je lui ai dit : "Viens-t'en mon gars, on s'en va à la maison ! "

David m'a répondu avec le plus beau de ses sourires, il s'est assis tout content dans le fauteuil roulant que j'ai poussé rapidement vers la sortie. Le peu de temps qu'il nous restait à vivre ensemble, nous allions le passer à la maison, ensemble, avec ses amis, ses jouets et son environnement qu'il aimait. Les infirmières me criaient que je n'avais pas l'autorisation du médecin pour sortir l'enfant. Je les ai saluées de la main et j'ai quitté la place. Mon intuition de mère me disait que j'avais pris la bonne décision. »

Le choix d'une mère

Le lendemain, Yolande revoit l'équipe médicale complète qui s'occupe du dossier de son fils. Ils sont tous là, l'oncologue, le chirurgien, le psychiatre, le neurologue, la travailleuse sociale. Même le père de David assiste à cette

 « En quittant l'hôpital, j'avais le troublant sentiment que tout irait bien. »

rencontre sans dire un mot. Yolande leur explique avec toute la tendresse du monde pourquoi elle veut offrir à son fils des derniers moments heureux. « Je leur ai dit que, ces derniers jours, je voyais David dépérir au lieu de voir sa condition s'améliorer. Je les avais écoutés fidèlement, j'avais accepté tout ce qu'on nous avait demandé, scanners, traitements, prises de sang, mais à partir du moment où les traitements n'allaient pas le guérir, je ne voyais pas la nécessité de rendre mon fils plus malade qu'il ne l'était pour étirer les derniers jours de sa vie. Son père et moi avions décidé d'un commun accord de lui offrir le meilleur environnement possible pour ses derniers moments. Ces spécialistes ont finalement compris et approuvé ma démarche et m'ont souhaité la meilleure des chances. En quittant l'hôpital, j'avais le troublant sentiment que tout irait bien. Plus que ça, j'en étais même convaincue. »

La légende du morpho bleu

Yolande s'était promis d'en dire le moins possible à David, en ce qui concernait sa mort imminente. Mais David se souvient comme si c'était hier du moment où il lui a demandé

 « Je ne peux pas me battre contre ton cancer. C'est toi qui dois le faire. »

ce qu'était le cancer. Yolande lui a répondu : « C'est une maladie très grave. Très forte. Mais, si tu veux, tu peux être plus fort qu'elle. Je ne peux pas me battre contre ton cancer. C'est toi qui dois le faire. C'est toi qui dois en venir à bout[24]. »

À partir de ce moment-là, le petit garçon garde toujours en tête qu'il sera le plus fort face à cette maladie. Il n'en doute jamais. Pour lui, il n'y a pas d'autres issues que la guérison. Il va gagner.

La passion pour les papillons va y contribuer. C'est en se rendant un jour au zoo de Granby que naît l'admiration de David pour les papillons et principalement pour le majestueux morpho bleu. Le jeune garçon découvre une superbe légende inspirée de la beauté de ce papillon, qui raconte que la rencontre avec un morpho peut changer notre vie si, au moment où on le voit, on lui offre nos rêves afin qu'il les porte aux esprits de la vie pour qu'ils les réalisent. Ce jour-là, David décide de devenir le plus grand des chasseurs de morphos bleus du monde.

Plus qu'un rêve d'enfant

En novembre 1987, Yolande apprend que David peut participer au projet Rêves d'enfants, compte tenu de sa condition en phase terminale. Pour l'instant, elle ne voit là qu'une confirmation de la gravité de l'état de son fils et n'y accorde pas beaucoup d'intérêt. Quand la directrice de la

 «*Veux 'ler à 'chasssse papi'ons.*»

Fondation Rêves d'enfants rappelle pour savoir si Yolande a pris une décision à ce sujet, c'est David qui répond. Elle lui demande quel rêve il aimerait réaliser. David nous donne plus de détails. «J'avais encore bien des problèmes d'élocution, mais je lui ai tout de suite dit : "Veux 'ler à 'chasssse papi'ons."

La dame ne m'a pas compris. Ma mère a pris le combiné et lui a répété : "David voudrait aller à la chasse au morpho bleu !..." Bon. Il fallait maintenant qu'ils organisent ce voyage, et ce n'était pas évident. C'est en voyant à la télé l'entomologiste Georges Brossard, celui qui a mis sur pied l'Insectarium de Montréal, que ma mère a eu une idée de génie. Elle est allée le rencontrer en personne pour

lui demander de l'aide. Où trouver le morpho bleu? Dans quel pays? Était-ce le bon temps de l'année? Pourrait-il nous servir de guide? Georges Brossard s'est d'abord montré très étonné de cette demande. Au fond de lui, il jugeait ce projet impossible. Comment transporter un enfant malade au cœur de la jungle amazonienne, que ce soit en Bolivie ou au Mexique, alors que le petit se déplaçait la plupart du temps en fauteuil roulant? Pourtant, ma mère a réussi. Avec toute sa détermination et sa conviction que ce voyage allait soudain me guérir, elle a fini par convaincre l'entomologiste de participer au projet malgré sa grande réticence du début. Il fallait faire vite, il fallait y aller avant Noël, car la saison des papillons tirait à sa fin.»

L'envolée

C'est le branle-bas. Les préparatifs sont ponctués de plusieurs difficultés que Yolande Laberge, Georges Brossard et l'équipe de la Fondation Rêves d'enfants finissent par surmonter. Le voyage se fera finalement au Mexique. Le

«Pour moi, c'était le début d'une nouvelle vie. C'était le début de ma vie.»

matin du départ, Yolande remarque un changement positif dans le comportement de son fils. «Il n'était déjà plus le même. David me semblait soudain plein de vivacité, il avait les yeux pétillants. Je me suis dit que tous les efforts presque surhumains pour en arriver à monter ce projet avaient bien valu l'énergie qu'on y avait mise. Nous allions vivre un beau moment ensemble et profiter de chaque minute de cette expédition. On verrait après...» Quant à David, il n'oubliera jamais ce jour-là et ceux qui ont suivi. «Pour moi, c'était le début d'une nouvelle vie. C'était le début de ma vie.

C'était la première fois que je prenais l'avion, c'était mon premier grand voyage. J'allais voir la mer, la jungle, des papillons en liberté. Je me sentais surexcité, je ne vivais que dans la hâte d'attraper mon premier papillon bleu. Je ne pensais surtout plus au fait que j'étais malade. Même que je ne me sentais plus malade! Georges avait apporté tout le matériel pour chasser les papillons. C'était super.

 «Le lendemain matin, nous partions pour la jungle à la recherche de mon papillon bleu.»

Dès notre arrivée, il m'a montré comment faire. Aussi loin que je me souvienne, j'avais toujours été fasciné par les papillons, mais là, un vrai spécialiste me montrait la véritable façon d'attraper doucement un papillon dans un filet. Ça ressemblait étrangement à une danse. Comme si on virevoltait avec lui. Je tentais de l'imiter le mieux possible, même si mon manque d'équilibre ne me permettait pas de faire des mouvements aussi gracieux que lui. Et le

 «Je ne pensais plus du tout à la maladie.»

lendemain matin de notre arrivée sur place, nous partions enfin pour la jungle à la recherche de mon papillon bleu.

16 décembre 1987. David au lendemain de son arrivée au Mexique, fin prêt pour sa chasse aux papillons.

C'était merveilleux. La végétation, les sons ambiants... C'était tellement vivant. Ma mère m'a raconté plus tard que, ce jour-là, elle avait eu une vision étrange. "Au Québec, c'est la mort, ici dans la jungle, c'est la vie qui grouille. C'est bien de cela dont il s'agit[25]." De jour en jour, je sentais mes forces me revenir. Je me sentais plein de vie en dedans. Je n'avais même plus envie de rester assis dans mon fauteuil roulant, je me tenais debout comme si une main solide me poussait dans le dos pour que je mette un pied devant l'autre. Chaque papillon que j'apercevais me donnait le goût de me mettre à courir, je me sentais aussi léger que lui. Je pense que j'aurais presque pu m'envoler. Je me sentais soudain fort et plein de vie. Avec Georges, j'ai pu attraper plusieurs papillons. Il m'a aussi fait découvrir une foule d'insectes plus étonnants les uns que les autres. J'étais complètement absorbé par cette quête, je ne pensais plus du tout à la maladie, elle ne faisait déjà plus partie de moi.

 « Le petit garçon qui était parti malade de Montréal revenait le cœur guéri et plein de vie. »

Puis, un jour, alors que je me reposais sous un arbre avec ma mère en buvant des jus de fruits, trois jolis papillons bleus sont venus virevolter autour de nous. Ma mère était aussi excitée que moi. Elle s'est levée doucement, a saisi le filet posé près de nous et a fait une merveilleuse danse du papillon. Et elle en a attrapé un! Ma mère venait de réaliser mon rêve! C'était extraordinaire! Mon rêve d'enfant était devenu réalité! C'était le plus beau jour de ma vie. On était tous si heureux! Quelques jours plus tard, nous sommes rentrés à la maison. Le petit garçon qui était parti malade de Montréal revenait le cœur guéri et plein de vie.

Cette aventure a été miraculeuse pour moi. Elle m'a donné de belles ailes comme celles de ce papillon bleu. Par la suite, j'ai découvert que je pouvais montrer tous les papillons que j'avais rapportés de ce voyage aux gens autour de moi et partager ma passion avec eux. Je suscitais l'intérêt des enfants comme celui des adultes et cela me rendait très heureux. J'étais la coqueluche et ça me plaisait beaucoup! Et ce qui allait suivre allait dépasser tout ce à quoi on avait pu s'attendre.»

La métamorphose

Au cours de cette longue traversée de la maladie, David n'a jamais eu le sentiment qu'il allait mourir. Il savait bien qu'il était malade, mais il n'a jamais imaginé un seul instant que la mort rôdait si près.

 «J'ai demandé à l'univers de me guider vers sa guérison.»

15 août 1988. David se fait offrir une envolée en montgolfière par son oncle Claude. On voit ici le petit garçon en compagnie du propriétaire de la montgolfière quelques minutes avant le départ.

Il n'allait apprendre d'ailleurs que bien plus tard, à l'âge de 15 ans, que les médecins l'avaient condamné. Dans sa tête d'enfant de six ans du moment, le cancer est un épisode de sa vie et ça finira par passer, tout simplement. Il est positif, sa mère l'est aussi, et Gisèle et tous leurs proches contribuent à conserver cette attitude. Pourtant, Yolande sait bien au fond d'elle-même que ce voyage fabuleux n'a été qu'une trêve dans la maladie de son fils. Mais elle ne se résigne pas et cherche maintenant d'autres outils pouvant mener son fils vers l'ultime guérison. «J'étais un peu désemparée car la médecine ne pouvait plus rien pour nous. Je ne savais pas vers quoi me tourner. Puis, j'ai demandé à l'univers de me guider vers sa guérison et je me suis mise à croire fermement que nous allions y arriver.

 « Il se concentrait sur son mal et celui-ci s'estompait. »

C'est à ce moment-là que j'ai rencontré Agathe. Cette dame avait été infirmière auprès des enfants et elle pratiquait maintenant les médecines douces et le chamanisme. Chez les Amérindiens, le chaman guérit le corps par l'intercession de l'âme. Bien que très sceptique au départ, j'ai finalement trouvé auprès d'elle beaucoup plus que ce que j'allais chercher. J'y ai trouvé d'abord la paix de mon âme, puis l'harmonie que je pourrais ensuite transmettre à mon fils. Agathe pratique notamment le toucher thérapeutique. Petit à petit, au cours de ce nouvel apprentissage, j'ai changé, je me suis retrouvée. Et les techniques qu'Agathe exerçait sur moi, je les reproduisais minutieusement sur David. Mon fils avait encore des maux de tête et je réussissais à les atténuer de cette façon. Mon amie Denise s'est mise à pratiquer les mêmes gestes sur David pour l'aider, et ça fonctionnait aussi. Jusqu'au jour où David en est venu à les faire lui-même. Il se concentrait sur son mal et celui-ci s'estompait. Ça marchait! Pour lui, c'était important d'y croire.

 « Ensemble, on visualisait le corps de David en santé. »

Avec Agathe, nous avons entre autres appris la visualisation, l'art de s'imprégner d'une image positive qui représente ce que l'on veut vivre, l'art de donner à notre vie ce que notre cœur espère. On visualisait un gentil bonhomme d'énergie positive qui entrait dans le corps de David, engouffrant tous les méchants Pac-Man qui représentaient son cancer. On imaginait ensuite un rayon de soleil illuminant tout l'intérieur de son corps, tous ses organes l'un après l'autre, toutes les petites rivières de sang qui y coulaient. Puis, on voyait les cellules de son corps remplies de belle lumière. Finalement, on visualisait ensemble le corps de David en santé. J'étais convaincue que nous étions sur la bonne route. Pourtant... la bataille était loin d'être encore gagnée. »

Une récidive

Le 11 juillet 1989, Yolande doit de nouveau conduire David à l'hôpital, car il souffre d'importants maux de ventre. Le diagnostic tombe à nouveau. Vingt mois se sont écoulés. Le cancer s'est répandu. Les cellules cancéreuses ont proliféré dans le cervelet, le cerveau, et ont même atteint la colonne vertébrale. Yolande était tellement convaincue que son petit bonhomme était sur la voie de la guérison qu'elle est totalement ébranlée. Elle ne s'attendait pas du tout à

« Il m'est venu soudain la conviction que David était guéri. »

cela. Malgré tout, elle décide de continuer à se battre coûte que coûte. «Je ne sais pourquoi, mais j'avais encore en moi la conviction que David allait s'en sortir, que c'était lui le plus fort, que c'était nous les plus forts. On a quand même mis toutes les chances de notre côté et on a accepté qu'il reçoive de nouveaux traitements de radiothérapie. Pour les médecins, cela ne faisait que permettre de reporter un peu l'échéance. Le cancer était trop avancé pour l'anéantir complètement. Pour moi, David était en train de guérir une fois pour toutes. Nous avons recommencé l'ardu processus : le moule, le transport aller-retour à l'hôpital, les pertes de cheveux, les vomissements. Jamais David n'a dit un mot. Il demeurait positif, il allait y arriver. On allait y arriver ensemble. Je me disais qu'en alliant la médecine

« Le 11 octobre 1989, les résultats du scanner allaient confirmer mon pressentiment. »

traditionnelle à la médecine douce, nous avions toutes les armes pour gagner la partie. David a reçu 21 traitements de radiothérapie à la colonne vertébrale et 6 à la tête. Toutefois, étrangement, en cours de traitement, il m'est venu soudain la conviction que David était guéri.

J'ai demandé qu'il passe tout de suite un scanner pour vérifier la chose, mais le médecin m'a expliqué que cet examen ne devait se faire qu'à la toute fin des traitements. Il semblait bien mal à l'aise devant mon enthousiasme. Pour lui, cela ne ferait que confirmer une échéance, la mort imminente de mon fils. Pourtant, le 11 octobre 1989, les résultats du scanner allaient plutôt confirmer mon pressentiment.

Il n'y avait plus aucune lésion cancéreuse. Plus aucune! Contre toute attente et toute conviction médicale, mon David était guéri. Unis dans un même combat, lui, moi, la médecine traditionnelle, la médecine douce et nos pensées positives avions remporté une victoire que certains avaient toujours cru impossible!»

 «Une cartomancienne m'avait dit un jour que nous allions partir en voyage. J'ai cru qu'elle évoquait le voyage que nous avions fait avec la Fondation Rêves d'enfants. Je pensais donc qu'elle se trompait. Le jour suivant cette rencontre, mes parents m'ont annoncé qu'ils partaient pour Cuba et nous ont proposé, à David, à Gisèle et à moi, de les accompagner. J'ai décidé de prendre l'argent que j'avais amassé pour les funérailles de David pour acheter les billets de ce voyage. C'était ma façon de changer à jamais en positif le négatif qui avait été dans notre vie. J'ai pris l'argent pour la mort et je l'ai dépensé pour la vie. Je ne l'ai jamais regretté!»

Mai 1996. David est bien guéri et profite de la vie. À 14 ans, il remporte un premier prix dans un tournoi de pêche grâce à cette belle truite brune.

Quelques années plus tard, alors que David a 20 ans, la réalisatrice Léa Pool les contacte, lui et sa mère. Elle veut adapter son histoire au cinéma. Le film *Le papillon bleu*[26] va raconter de façon très romancée leur expédition de chasse au morpho bleu. David a la chance de pouvoir se rendre sur les lieux du tournage, au Costa Rica. Ce voyage lui apporte bien plus que tout ce qu'il aurait pu souhaiter. C'est

 « C'est l'un des plus beaux moments de ma vie. »

là qu'il attrape lui-même pour la toute première fois un véritable morpho bleu. Son morpho bleu! Le papillon qui a contribué à lui donner la force de vivre. « Ça a été un moment merveilleux. En plus, je n'étais pas malade, j'étais en pleine possession de tous mes moyens et je l'ai attrapé moi-même, tout seul! C'est l'un des plus beaux moments de ma vie.

Le morpho est aujourd'hui bien encadré dans ma chambre. Il signifie tellement pour moi. La prochaine étape, ce sera d'aller en Amazonie. Il y a tellement d'espèces de papillons là-bas!»

Le papillon bleu, symbole de vie

Le temps a passé. David a maintenant 28 ans. Il est parfaitement guéri. Avec le temps, il a apprivoisé les séquelles permanentes de ses opérations. Il souffre toujours de problèmes de concentration, d'un léger manque d'équilibre, de légers problèmes d'élocution et de mémoire. Ce qui fait qu'il a du mal à occuper un poste régulier sur le marché du travail et qu'il ne peut conduire une voiture. Mais il est en vie. Bien en vie à part ça! Et ces dernières années, il a trouvé sa voie. Il n'a jamais cessé d'enrichir sa collection de

 « Il faut écouter la vie qui vibre en nous, qui vibre autour de nous. »

papillons, qui compte aujourd'hui plus de 1 000 spécimens fabuleux. Il donne des ateliers-conférences (visitez son site personnel www.lepapillonbleu.net). Il est émouvant et inspirant. Il va rencontrer les jeunes, leur parle de détermination, de persévérance, de passion, de la beauté de la vie. Il les pousse à laisser aller leur créativité, à formuler leurs rêves, à tout faire pour y accéder. Il raconte son histoire. Et les yeux des enfants s'écarquillent. Il fait de même auprès des adultes. L'effet est tout aussi contagieux. «Je leur rappelle toujours que l'on récolte ce que l'on sème. Je trouve que la vie est tellement généreuse envers moi. Il faut rester connecté avec la Terre mère. Il faut la protéger. Il faut revenir à nos sources. Il faut écouter la vie qui vibre en nous, qui vibre autour de nous.

Il faut savoir demander à la vie ce dont on a besoin et elle va mettre les bonnes personnes sur notre chemin, c'est certain. Il faut s'entraider, communiquer, créer des liens, échanger de l'amour. Les portes s'ouvrent une à une et

*David et sa mère Yolande, en tournée de promotion
pour leur livre* Sur les ailes du papillon bleu.

tellement de belles choses se présentent à nous. Récemment, ma mère et moi, on rencontrait même un éditeur à qui on proposait de raconter notre histoire. Il fut enchanté par le projet. Notre livre *Sur les ailes du papillon bleu*[27] est finalement sorti en avril 2010. »

 « Il a trouvé sa mission dans cette vie. »

Maintenant, David rêve de créer une belle et grande volière de papillons pour y accueillir plein de visiteurs, jeunes et moins jeunes, pour y faire voler librement ces êtres d'espoir qui l'ont un jour porté vers la joie. Faire découvrir la beauté de cette vie aux autres, la beauté de la vie.

David fait du bien aux gens et il veut toujours continuer de le faire.

Il a trouvé sa mission dans cette vie.

Cette vie avait encore besoin de lui.

Et ceux qui l'aiment aussi.

Il fallait qu'il guérisse.

En fait, il fallait absolument qu'un tel miracle se produise pour que ce petit bonhomme au visage rond comme une lune demeure encore très longtemps parmi nous.

GUÉRIES COMME PAR MAGIE

« Quand elle a vu sa nouvelle image dans le miroir,
ma sœur s'est tout à coup mise à pleurer. »
Marie

Dans le domaine de la santé, il en est qui exercent leur métier de façon fort singulière. Leur pratique sort de l'ordinaire et fait en sorte qu'on les qualifie de bien des façons. «Il fait vraiment des miracles», va-t-on jusqu'à entendre à leur sujet. C'est pourquoi nous vous racontons ici l'histoire de Marie et de sa sœur, qui ont consulté un certain guérisseur-ramancheur. Selon elles, il semble bien que cet homme fasse des miracles.

Boiter du jour au lendemain

Marie traverse l'adolescence sans anicroches et grandit tout à fait normalement. Pourtant, un matin, alors qu'elle est dans la jeune vingtaine, cette belle grande jeune femme a du mal à sortir du lit, complètement écroulée de douleur. Ses deux

 «Du jour au lendemain, je me suis mise à boiter, je souffrais, c'était impossible à vivre. »

jambes, ses deux genoux et son dos la font terriblement souffrir. Elle a tellement de mal à marcher qu'elle se traîne dans la maison. Elle relate ce sombre moment de sa vie. «J'avais beaucoup de difficulté à me déplacer, ne serait-ce que de quelques pas. Je n'avais aucune idée de ce qui m'arrivait. Du jour au lendemain, je me suis mise à boiter, je souffrais, c'était impossible à vivre.

Ma sœur me parle alors d'un certain guérisseur hors du commun qui a la réputation de faire des miracles, aux dires des gens à qui il a prodigué des soins. Je n'avais pas envie d'aller voir un médecin, je me doutais que ce serait long et compliqué d'avoir un rendez-vous et de me faire traiter. Ça me disait, en moi, que je devais d'abord aller voir cet homme. Il avait une excellente réputation depuis plusieurs années dans le village où j'habitais et même dans toute la région. Je savais que des gens avaient fait jusqu'à quatre heures de route pour venir se faire soigner par cet homme.

 «Tous ceux qui sont allés le voir ne l'ont pas regretté.»

Dans notre coin, on l'appelle le "ramancheur", mais ce n'est pas un ramancheur comme on en entend parler habituellement. Lui, il est différent. Il pratique des manipulations que des ramancheurs ne font pas. Il a acquis cette technique en Asie et il est extrêmement minutieux et précis. Il ne nous dit pas ce dont on souffre, il n'en parle même pas, il nous soigne, c'est tout. Tous ceux qui sont allés le voir ne l'ont pas regretté.

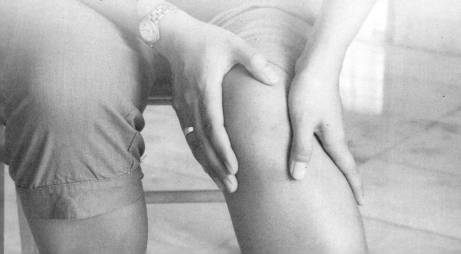

Il replace des colonnes vertébrales pour lesquelles les médecins disent ne pouvoir rien faire. Il a même guéri un joueur de hockey bien connu qui souffrait d'importants étourdissements et qui ne trouvait personne pour le soulager.»

En quelques manipulations seulement...

Marie se rend donc visiter ce guérisseur avec sa sœur qui a, elle aussi, besoin de soins pour des problèmes de dos. Marie a confiance. La réputation de cet homme le suit depuis de

«Je ne savais pas trop ce qu'il allait me faire, je ne savais pas si j'allais avoir mal.»

nombreuses années. Sur place, elle pénètre dans une pièce toute simple et lumineuse. Le praticien l'accueille gentiment en compagnie d'une aide. Une couverture est étalée sur le tapis qui recouvre le sol. L'homme invite respectueusement la jeune femme à s'étendre sur le ventre. Marie nous donne plus de détails. «Je n'avais pas peur car j'avais tellement entendu parler de lui en bien, mais je ressentais quand même une certaine nervosité.

Je ne savais pas trop ce qu'il allait me faire, je ne savais pas si j'allais avoir mal. En plus, j'étais la première à passer, donc je ne pouvais pas profiter de la réaction de gens l'ayant consulté juste avant moi. Mais bon, je n'étais pas seule, ma mère et ma sœur étaient avec moi. Il m'a demandé de me détendre le plus possible. Il a regardé mes jambes un instant, puis il a tout à coup déboîté mes deux hanches dans un geste très

«J'avais l'impression que mes jambes étaient hors de mes hanches, je me sentais bizarre.»

précis, en une fraction de seconde. Étrangement, je n'ai ressenti aucune douleur, à peine une petite sensibilité. Il a ensuite allongé chacune de mes jambes en les tirant avec force alors que son assistante me tenait les épaules. Et mes jambes

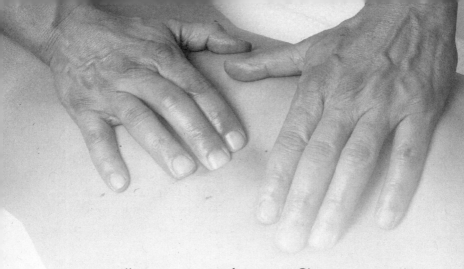

se sont allongées vraiment beaucoup. C'était une sensation très étrange et étonnante. J'avais l'impression qu'elles étaient hors de mes hanches, je me sentais bizarre.

Puis, dans une autre manipulation, il les a vite remboîtées dans mes hanches, sans aucune douleur encore une fois. Ses gestes étaient rapides, mais il prenait tout son temps entre les mouvements, pour ne pas me bousculer. Puis, il a

 « Je me suis relevée aussitôt et mes jambes étaient bien droites. »

dit à ma mère : "Voilà, c'est fait, ses jambes sont à nouveau droites maintenant." Il a ensuite évalué ma colonne avec quelques pressions du bout de ses doigts, puis il l'a elle aussi replacée avec le même genre de mouvements secs et rapides. Il me demandait d'inspirer et d'expirer et, quand j'expirais, il faisait les manipulations. Il appuyait très fort sur certains points en particulier. Je me suis relevée aussitôt après et mes jambes étaient bien droites.

Je ne boitais plus. C'était presque magique. Je n'avais plus mal non plus. Il travaille très rapidement, mais il est aussi très minutieux et on sent qu'il sait ce qu'il fait. Ses gestes sont sûrs. J'ai été bien contente d'avoir payé les 400 $ qu'il m'avait demandés, car j'étais guérie comme par enchantement. Et je n'ai jamais boité de nouveau, je n'ai jamais eu mal aux jambes et je n'ai eu qu'à aller le voir une seule fois.»

Un autre sérieux problème de dos

La sœur de Marie souffre, elle, d'un plus sérieux problème de dos encore. À l'adolescence, sa colonne vertébrale prend

«Quand il l'a regardée, il a tout de suite compris que ce serait complexe.»

une grave déviation. À vrai dire, la jeune femme courbe radicalement le dos afin de cacher sa forte poitrine qui la met mal à l'aise. Avec le temps et à cause de cette position qu'elle adopte constamment, son dos se déforme à un point tel qu'une importante protubérance apparaît au haut des omoplates. «Certains l'appelaient même la Bossue de Notre-Dame. Sa tête était très penchée vers l'avant et on voyait bien cette grosse bosse. En plus, ma sœur ne mesure que 5 pi [1,52 m] et là, elle ne mesurait sûrement plus que 4 pi 8 po [1,42 m]. Elle souffrait beaucoup. Elle avait de gros maux de tête. Quand le guérisseur l'a regardée, il a tout de suite compris que ce serait plus complexe.

Il nous l'a dit. Il nous a même demandé d'aider son assistante à la tenir. Il l'a fait asseoir sur un petit banc et il s'est assis derrière elle. Il s'est mis à faire des pressions dans son

«Quelques minutes plus tard, ma sœur se relevait parfaitement droite. Elle n'était plus la même.»

dos avec l'un de ses genoux alors qu'il la tenait avec ses bras. Nous la tenions aussi par les épaules, pour qu'elle bouge le moins possible. Au milieu du traitement, elle s'est sentie mal et elle a dû s'allonger sur le sol pour se reposer un peu. Il lui a donné tout le temps nécessaire pour qu'elle aille

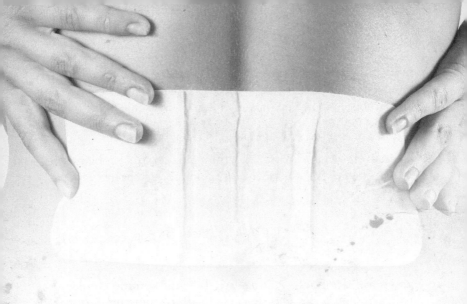

mieux avant de reprendre le traitement. Il nous a fait comprendre que c'était normal, la douleur ou les manipulations peuvent parfois entraîner des chutes de pression momentanées. Puis, pour terminer et soulager la douleur, il lui a appliqué une compresse antidouleur autochauffante dans le dos. Quelques minutes plus tard, ma sœur se relevait parfaitement droite. Quand elle a vu sa nouvelle image dans le miroir, elle s'est tout à coup mise à pleurer.

Elle n'était plus la même. Son dos était bien droit. Je me souviens qu'elle disait: "C'est fini, c'est fini, j'en reviens pas!"»

Guéries pour toujours

Le célèbre guérisseur-ramancheur demande à la sœur de Marie de porter un corset protecteur dans les jours qui suivront afin de consolider le travail qu'il a fait. Il faut qu'elle apprivoise sa nouvelle posture et, surtout, qu'elle la conserve. La remise en place de son dos est complète, mais il faut mettre toutes les chances de son côté pour éviter que l'ancienne posture ne reprenne le dessus. Dans les mois qui suivent, elle visite à nouveau le praticien à deux ou trois reprises pour stabiliser le tout, mais sa condition est ensuite définitive. Son dos est aujourd'hui tout à fait redressé et la jeune femme n'a plus aucune douleur.

« Ça fait maintenant quatre ans et ni elle ni moi n'avons eu de nouvelles douleurs au dos. Pour nous, c'est du passé.

 « On est tellement bien aujourd'hui et tellement contentes d'être allées le voir. »

Ce n'est probablement pas un miracle, mais nous, on a eu l'impression que cet homme-là nous a guéries de façon miraculeuse.

Pour moi, m'être couchée par terre alors que je boitais énormément et m'être relevée tout à fait guérie, c'est quelque chose d'inexplicable ! Et le cas de ma sœur est encore plus extraordinaire. Je sais que nous ne sommes pas les seules, il y a tant de gens qu'il a guéris en quelques manipulations seulement. Je le referais demain matin. On est tellement bien aujourd'hui et tellement contentes d'être allées le voir. »

LA PENSÉE QUI SOULAGE

*« Nous avons des programmes inscrits
dans notre inconscient
qui font réagir directement notre corps. »*
Isabelle

Isabelle croit profondément à la pensée positive. Elle est convaincue qu'à partir du moment où l'on transforme sa façon de penser, où l'on modifie les messages acheminés à notre subconscient, on vibre différemment aussi et l'on attire naturellement d'heureux événements. Depuis une vingtaine d'années, Isabelle étudie et met en pratique les différents préceptes de la pensée positive, appris en côtoyant des praticiens spécialisés dans le domaine ou des gens de son entourage comme ses grands-parents qui en ont toujours fait une règle de vie. Fillette, elle baignait donc déjà dans cette ambiance positive et stimulante qui lui convenait parfaitement, surtout que sa santé fragile allait en avoir besoin.

 « Non, laisse faire, je vais me guérir toute seule. »

« J'ai toujours été quelqu'un de très positif, même quand j'étais petite. Je disais sans cesse à ma mère : "T'inquiète pas, ça va s'arranger, t'en fais pas." À l'âge de sept ans, j'ai eu un problème de santé lié à mes intestins. Ils étaient dilatés, ce qui entraînait de fréquentes occlusions et des douleurs

abdominales intenses. Quand ma mère m'a expliqué qu'on devait aller chez le médecin, je lui ai simplement répondu : "Non, laisse faire, je vais me guérir toute seule."

Ma mère a d'abord été bien étonnée de ma réaction, mais elle m'a accordé une petite chance en me disant : "OK, on attend encore un peu, mais si ça devient plus douloureux, on n'aura pas le choix, il va falloir y aller." Eh bien ! Je ne me souviens pas de ce que j'ai fait exactement, mais je peux vous dire que, deux jours plus tard, je n'avais plus aucune douleur. Et ce n'est jamais revenu. Je pense que c'est à ce moment-là que tout a vraiment commencé. La fillette que j'étais avait soudain compris qu'elle avait assez de volonté pour contrôler les états de son corps et de son esprit. Et je m'en suis servie aussi souvent que possible. »

De graves problèmes de dos

Pour comprendre l'événement qui suit, nous devons d'abord retourner aux premières heures de la vie d'Isabelle. Le médecin qui pratique l'accouchement se voit obligé d'utiliser les forceps en plus de devoir tirer également l'enfant par

 « J'allais devenir infirme pour la vie. »

un bras pour l'aider à sortir. Il en découle une déformation de la colonne vertébrale du bébé au niveau de la nuque et du cou. Trois ans plus tard, ses parents constatent qu'Isabelle est en train de développer une excroissance importante dans le haut du dos. Pendant près de six ans, ils consultent une quantité impressionnante de médecins pour finir par apprendre que leur fille présente une inquiétante déviation de la colonne vertébrale de plus de 33 degrés.

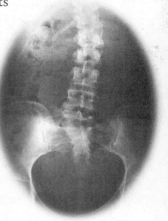

Alors que la fillette n'a que neuf ans, le diagnostic tombe. Comme sa déviation dépasse les 30 degrés viables,

 «Après cette intervention, je n'allais plus être en mesure de bouger la tête.»

l'opération est essentielle. Isabelle nous raconte la suite. «On devait me faire une greffe osseuse au niveau du cou, puis souder cette greffe aux autres vertèbres. J'allais devenir infirme pour la vie.

Moi qui rêvais de devenir danseuse de ballet... Je voyais tout à coup mes rêves s'envoler en fumée.

«Cet ostéopathe réalisait vraiment de petits miracles avec ses patients, oui, de petits miracles. »

Après cette intervention, je n'allais plus être en mesure de bouger la tête. Je ne pouvais pas me résoudre à ça. Pourtant, du jour au lendemain, la situation a changé comme par enchantement. Mes grands-parents ont décidé de m'emmener à Lourdes. Il faut dire que je vivais en Europe à ce moment-là. Une semaine après notre visite à ce lieu de pèlerinage bien connu et par un drôle de hasard, ma mère a reçu l'étonnant appel d'une connaissance. Cette personne lui conseillait de me faire voir un ostéopathe qui réalisait vraiment de petits miracles avec ses patients, oui, de petits miracles, avait dit cette personne.

Ma mère fut très étonnée de ce coup de téléphone surprise, mais elle n'hésita pas une seconde. Elle croyait à la force de la pensée plus que quiconque. Pour elle, cette personne avait été placée sur notre chemin parce que nous en avions besoin. Après une seule séance, cet ostéopathe a réduit ma déviation à 7 degrés, ce qui est énorme. Depuis, ma situation s'est stabilisée à 10 degrés, ce qui est très acceptable. Est-ce

 «Quelques années plus tard, je faisais de la compétition de danse»

le résultat de la visite de mes grands-parents à Lourdes? Ou bien la force de la pensée de mes parents et de moi-même qui ne voulions pas cette opération? Je crois qu'il y a eu un changement vibratoire de notre part qui a fait en sorte que le message de l'existence de cet ostéopathe puisse venir jusqu'à nous.

C'est fascinant! Je me souviens encore du médecin qui m'avait dit: "Tu vois Isabelle, malheureusement tu vas devoir arrêter la danse après cette opération." Et moi, en le regardant droit dans les yeux, je lui avais répondu, c'est ce qu'on verra! Quelques années plus tard, je faisais de la compétition de danse et je devenais professeure de danse, comme j'en avais toujours rêvé!»

Inspirée par ses parents

L'entourage d'Isabelle lui a toujours été de bon conseil. Notamment son grand-père qui, lui, fait de la caractérologie comportementale. À l'aide d'un questionnaire très élaboré de plus de 35 pages qui permet d'accumuler un pointage, l'homme peut tracer deux courbes spécifiques pour chaque individu, l'une illustrant comment la personne se voit et l'autre comment elle se comporte. L'analyse complexe qu'il en fait permet ensuite aux gens de se recentrer et de trouver la voie positive à suivre dans leur vie au point de vue personnel autant que professionnel. Déjà, toute jeune, Isabelle suit son papi dans ses séminaires et ses rencontres, si bien que la jeune adolescente a vite fait de s'imprégner de ces techniques.

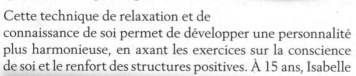

De son côté, sa mère travaille dans tout ce qui touche l'énergétique et se spécialise en sophrologie.

Cette technique de relaxation et de connaissance de soi permet de développer une personnalité plus harmonieuse, en axant les exercices sur la conscience de soi et le renfort des structures positives. À 15 ans, Isabelle

«J'ai découvert qu'on attire à soi les personnes et les événements qu'on désire.»

traite déjà des clients en réflexologie et se passionne entre autres pour la médecine chinoise et ayurvédique (indienne).

Elle apprécie ces pratiques qui tiennent toujours compte du mental et privilégient la pensée positive. «Avec tous mes apprentissages et mes lectures, j'ai découvert qu'on attire à soi les personnes et les événements qu'on désire, et ce, simplement à partir de nos pensées.

Des programmes inscrits dans notre inconscient font réagir directement notre corps. Ce qui se passe au niveau du cerveau et de l'inconscient peut diriger tout ce qui se passe dans le corps. C'est pourquoi une très grande peur qu'il nous arrive quelque chose risque fort de concrétiser cette situation.

 «Je me disais parfois, si je continue comme ça, je ne vais pas passer au travers... »

Parce qu'on vibre de manière différente à cette chose et qu'elle se présente de façon répétitive dans notre tête, elle va finir par advenir. À l'âge de 20 ans, je travaillais dans une salle de musculation et de mise en forme et j'étais professeure de hip-hop. J'étais très en demande partout et le stress était élevé. Je me disais parfois, si je continue comme ça, je ne vais pas passer au travers...

Or, dans la même période, j'ai commencé à souffrir d'importantes douleurs au ventre. Je suis allée voir un gynécologue qui m'a diagnostiqué une tumeur sur l'ovaire droit aussi grosse qu'un pamplemousse. Pourtant, trois mois auparavant, je n'avais rien, j'avais passé un examen annuel

dont le résultat avait été tout à fait régulier. J'ai dû être
opérée d'urgence pour l'ablation de l'ovaire. Toutefois, il

« En sept ans, j'ai consulté une dizaine de médecins. »

semble que l'utérus ait été mal refermé et cela a provo-
qué des saignements très inquiétants par la suite. C'était
parfois si douloureux que je m'évanouissais. Les douleurs
étaient de plus en plus terribles. En sept ans, j'ai consulté
une dizaine de médecins.

Tous en sont venus à la conclusion que j'étais hypocon-
driaque, que mes douleurs étaient imaginaires. J'ai perdu
mon travail, ça n'allait vraiment pas bien. C'était infernal. À
la longue, une infection s'est installée, déclenchant une péritonite, et je me suis retrouvée une fois de plus à l'urgence,
terrassée par la douleur.

Le médecin qui m'a accueillie a conclu que ce n'étaient que
des règles douloureuses et m'a prescrit des antidouleurs. Or,
j'étais en train de faire une septicémie, une infection grave
généralisée dans tout le corps. Quelques heures après être
sortie de l'hôpital, je me sentais si mal qu'un ami m'a conduite dans une clinique privée, où l'on m'a prise en charge

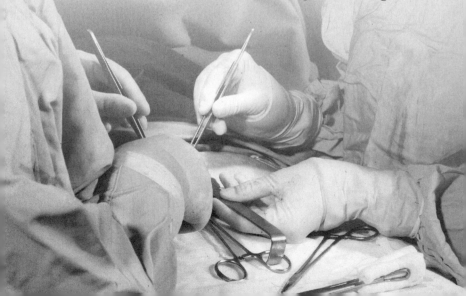

et opérée au cours de la nuit d'une grave péritonite. Malgré tout cela, on n'avait pas trouvé le problème utérin que j'avais. Comme mes douleurs ne s'estompaient toujours pas, je me suis finalement tournée vers la médecine chinoise.

Une question de volonté

C'est le temps où jamais de mettre véritablement en pratique tous ces enseignements sur la pensée positive qu'elle a reçus ces dernières années et qui semblent dormir dans son subconscient. «Je me suis fait une programmation très précise afin de me guérir définitivement de ces douleurs.

 «Le corps est le détecteur de ce qui se passe au niveau du conscient et de l'inconscient.»

C'en était assez. Je me disais que j'allais de mieux en mieux et que ce qui générait ces douleurs allait m'apparaître sous une forme quelconque pour que je puisse l'identifier et

l'éliminer de ma vie ou du moins régler la chose définitivement. Je me concentrais sur le fait que le corps est nécessairement lié à ses pensées, qu'il en dépend. Le corps est le détecteur de ce qui se passe au niveau du conscient et de l'inconscient. Les cas de chocs émotionnels sont un bon exemple.

Pour calmer la douleur et m'apaiser, je m'enveloppais aussi de bleu. Il faut toujours envoyer à répétition le même message positif au subconscient pour que ça marque une empreinte. Ça projette le message qu'il n'y a pas de maladie, et le corps se rétablit. À cette époque, un concours de circonstances a fait en sorte que mon conjoint me quitte.

Il semble bien que cette relation qui m'étouffait m'était beaucoup plus dommageable qu'elle ne me faisait du bien. Soudain, je ne m'étais jamais sentie aussi bien depuis des mois, voire des années!

Son départ a été ma guérison. Était-ce la force de mon subconscient? La force de ma programmation positive? Quoi qu'il en soit, ce que j'ai demandé est advenu. Et j'ai recouvré la santé, je peux vous dire aujourd'hui que cette guérison m'apparaît encore comme miraculeuse!»

 ELLE MET FIN À SON HÉMORRAGIE

Au cours d'une hospitalisation liée à ses problèmes de santé, Isabelle a pu arrêter une hémorragie importante qui l'affaiblissait de minute en minute. Elle était au bord de l'évanouissement quand elle a entendu l'infirmière dire: «On est en train de la perdre.» Soudain, Isabelle a réagi. «J'ai compris que j'étais en train de mourir et que je ne devais pas me laisser aller. Alors, je me suis répété en pensée: "Il faut que cette hémorragie s'arrête immédiatement." J'ai aussi visualisé du bleu pour guérir la plaie. Quelques secondes plus tard, c'est ce qui s'est passé. Le médecin n'a pas compris ce revirement de situation, car l'hémorragie s'était arrêtée d'un seul coup. Moi, je savais! C'était le début de ma guérison.»

De bonnes pensées pour les autres

« J'ai déjà offert des consultations pour aider certaines personnes à trouver en elles la force constructive de guérison. Une dame qui avait des verrues très douloureuses sous les ongles des mains ne trouvait aucun traitement pour se soigner. Elle avait consulté une foule de médecins et de praticiens de différents domaines, mais rien n'y faisait.

 « Il fallait d'abord qu'elle croie en elle et en sa propre force. »

Elle est venue me voir, sentant que j'étais probablement son dernier recours. Elle ne savait que penser des techniques de visualisation mentale et de travail énergétique, mais elle était ouverte à tenter l'expérience. Je lui ai dit que je pouvais quelque chose pour elle si elle acceptait de faire quelque chose pour elle-même. Il fallait d'abord qu'elle croie en elle et en sa propre force.

Nous sommes parties en quête de la source de ce problème de verrues. À un moment donné, une vive émotion d'enfance a ressurgi. Je lui ai suggéré quelques changements positifs à adopter dans son comportement et ses pensées. Je lui ai notamment conseillé de se réconcilier avec son père avec qui elle avait un rapport conflictuel.

Une semaine plus tard, elle me rappelait pour me dire qu'elle était entièrement guérie. Le médecin ne voyait même plus les racines de ses verrues. Il en était étonné. Tout était disparu. Pour elle, c'était miraculeux. Je lui ai pourtant bien dit que c'était plutôt la force de sa pensée et son positivisme qui avaient agi. Elle s'était fait confiance et avait fait les gestes nécessaires pour se délivrer de cette contrainte qui l'étouffait depuis tant d'années au point de se transposer dans son corps par ces verrues.»

Faire disparaître les coliques

Aujourd'hui, Isabelle va encore plus loin dans sa pratique. Elle peut faire disparaître les coliques des bébés par la seule force de sa pensée. Elle nous explique. «Dès qu'une personne franchit ma porte, sans même qu'elle me l'ait raconté, sans que je la touche, je peux sentir ce dont elle souffre. Pour un bébé, c'est similaire. Je touche un bébé qui pleure et je peux sentir la source de sa souffrance.

 «En pensée, j'ai d'abord demandé à l'enfant s'il était d'accord pour que je le soigne.»

Un jour, une dame est venue me voir parce que son bébé de huit mois avait d'importants problèmes auxquels elle ne trouvait pas de solution. Du temps de sa grossesse, elle avait eu un dur choc émotionnel qu'elle avait ressenti comme un gros coup dans le ventre – c'est ainsi qu'elle me l'a décrit. Son bébé était né avec des problèmes intestinaux récurrents et il faisait des coliques pas possibles. Il ne digérait pas le lait et vomissait souvent. Il était très déshydraté. En pensée, j'ai d'abord demandé à l'enfant s'il était d'accord pour que je le soigne.

C'est très évident, s'il accepte, il va bien réagir, il va se laisser toucher. Par contre, s'il se met à pleurer, il vaut mieux ne pas le traiter, il n'est pas prêt à accepter ce qu'on lui propose. Pour l'aider, je me suis servie de la méthode d'un médecin hawaïen basée entre autres sur des messages d'amour. J'ai d'abord imaginé l'enfant enveloppé de bleu, car cette couleur apaise. Le rose est apaisant aussi, c'est très efficace pour calmer des chagrins. Je disais à l'enfant : je t'aime, je suis désolée, s'il te plaît pardonne-moi, merci. Et je lui disais, si tu es prêt à pardonner à ta maman pour cette douleur qu'elle t'a transmise et à la personne qui lui a fait du mal, il est temps de le faire et de te libérer de cette émotion dont elle t'a imprégné. Pour les bébés, le résultat est très rapide. Au moment du départ, la maman m'a dit qu'elle voyait déjà une différence dans la physionomie de son petit. Quelques semaines plus tard, elle me donnait un coup de fil pour me dire que les coliques étaient terminées et que son bébé ne régurgitait plus du tout son lait. Et ce n'est jamais revenu !

 « Dès qu'ils vivaient un gros malheur, je les enveloppais de rose pour les apaiser. »

J'ai déjà travaillé comme éducatrice pour enfants de 18 mois à 3 ans et j'ai également utilisé cette méthode avec eux. C'est très efficace. Dès qu'ils vivaient un gros malheur, par exemple quand leurs parents quittaient pour la journée, je les enveloppais de rose pour les apaiser et je leur parlais doucement. Ils se calmaient instantanément.

En fin de compte, il est étonnant de constater comme ces techniques sont à la fois simples et puissantes. Chaque être humain devrait pouvoir les mettre en pratique dans sa vie au quotidien, pour lui-même mais aussi pour sa famille et ses proches. La pensée positive, c'est bien plus qu'une simple attitude, c'est une façon de vivre, de trouver le bien-être et d'être heureux ! »

Comment dénouer un conflit du passé qui perdure

Isabelle nous donne une méthode pour résoudre un conflit avec une personne, qu'elle soit vivante ou décédée. « Allumez d'abord une bougie en ayant une pensée positive sur le règlement du conflit que vous désirez obtenir. Si vous ne pouvez régler le problème avec la personne de vive voix, la lettre peut être un outil précieux. Écrivez à la lueur de la chandelle tout ce que vous avez sur le cœur dans cette

lettre que vous lui adressez, en prenant soin de terminer le tout par un mot gentil de réconciliation et d'affection. Inscrivez la date et signez la lettre. Puis, brûlez cette lettre. Pendant qu'elle brûle, imaginez que ce conflit s'envole en fumée en même temps. Laissez alors se consumer la bougie jusqu'au bout. Par la suite, déposez les cendres de votre lettre dans la terre de votre jardin ou au pied d'un arbre dans un parc. La terre a la propriété énergétique de transformer tout ce qui est négatif en positif. Enfin, remerciez toujours la nature et la terre de bien transformer tout cela. Vous serez étonné de ce qui se passera ensuite. »

LE DON D'APAISER
LES DOULEURS

« Ce n'est qu'un talent, sans plus... »
Jo-Ann

Jo-Ann ne s'attribue pas le titre de guérisseuse. Elle est très humble. Elle aide les autres, elle les soulage, et parfois les petites guérisons qu'elle procure sont étonnantes. Toutefois, elle n'en parle que très peu autour d'elle. Elle a la chance de pouvoir faire du bien, c'est tout. Elle nous parle de ce don particulier. « Pour moi, ce n'est qu'un talent, sans plus. Je l'ai développé au fil des ans. Je travaille avec mes mains, tout simplement. Si quelqu'un me dit qu'il a mal dans le dos, je vais visualiser cette douleur, je vais ressentir une chaleur exactement là où cette douleur est localisée.

 « Tout le monde est capable de faire pareil. C'est quelque chose de naturel. »

Je dépose ensuite mes mains sur cette partie précise de son corps, je la masse parfois doucement en même temps que j'y concentre un flux d'énergie. Cette personne se sent habituellement bien instantanément. Mais je ne vois pas là un miracle, c'est une pratique toute simple et je pense que tout le monde est capable de faire pareil. C'est quelque chose de naturel. »

Un jour, Jo-Ann va aider un homme en phase terminale de cancer. Non pas en guérissant ce mal terrible, mais plutôt en apaisant ses douleurs dans le dos, devenues si insupportables qu'il doit se rendre à l'urgence. Jo-Ann est au Québec, lui à Vancouver. Comme quoi la distance n'a aucune importance pour elle! «C'est vrai que cette histoire-là est particulière. Il faut d'abord savoir que je demande habituellement la permission aux gens avant de faire quoi

«Je n'ai qu'à savoir que cette personne ressent un malaise et j'y vais par la sensation de chaleur que je vais repérer sur son corps.»

que ce soit pour eux. Or, cette fois-ci, cet homme ne savait pas que j'allais l'aider, son amie ne voulait pas lui en parler car il était trop souffrant, mais elle savait qu'il serait d'accord. Elle me raconte au bout du fil qu'il a le dos complètement bloqué, à un point tel qu'il a du mal à respirer convenablement. Je lui dis: "Pas besoin de m'en dire plus." De toute façon, je n'ai pas besoin d'en savoir davantage. Si une personne m'appelle pour me dire que c'est son foie ou sa rate qui ne fonctionne pas, je ne tiens pas à le savoir. Je n'ai qu'à savoir qu'elle ressent un malaise et j'y vais par la sensation de chaleur que je vais repérer sur son corps.

C'est ainsi que je sais où je dois concentrer mon énergie. Quand je n'ai pas la personne devant moi, je travaille avec une petite poupée de chiffon. Je lui applique les mains comme si c'était le corps de la personne dans le besoin et je focalise mon esprit sur cette personne. Je trouve les zones à traiter de la même façon que si la personne était près de moi, par des sensations de chaleur localisée, mais sur la poupée cette fois. Toutefois, avant d'agir, pour éviter d'absorber la douleur de l'autre, je me protège toujours en m'imaginant à l'abri dans une bulle hermétique. Je ne suis pas une catholique pratiquante, mais je crois au plus profond de mon cœur qu'il existe une énergie plus forte, plus

grande que nous. C'est cette énergie que j'utilise. Je crois que tout le monde y a accès, il s'agit seulement d'en faire la demande à l'univers.

Comme pour les autres personnes, j'ai donc demandé que cet homme mal en point soit touché par cette énergie à l'endroit où son corps en avait besoin. Une heure plus tard, la jeune femme me rappelait et me demandait : "Mais qu'est-ce que tu as fait ?"

Et elle ajoutait : "Au bout de quinze minutes, il s'est assis bien droit sur la civière et a dit qu'il n'avait plus de douleur

dans le dos! Il ne savait pas ce qui lui arrivait et le médecin non plus." Entendons-nous bien, je n'ai pas guéri cet homme de son cancer, mais j'ai pu l'aider à soulager une part de sa souffrance. Guérir un cancer, c'est une tout autre affaire, c'est trop important. Je n'ai pas cette prétention-là !

Quand ma sœur a reçu un diagnostic de cancer, j'ai passé du temps avec elle dans les dernières semaines de sa vie. À un moment donné, même son dos était atteint par les métastases et elle souffrait beaucoup. Alors, je posais mes mains sur elle et je réussissais à l'apaiser un peu. C'était au moins ça, elle avait tellement mal...»

Un regain d'énergie

Une dame l'appelle un jour pour lui dire qu'elle se sent très fatiguée alors que son sommeil est particulièrement agité. Elle a du mal à accomplir toutes ses tâches quotidiennes. Jo-Ann nous explique comment elle a aussi contribué au mieux-être de cette dame. «Je lui ai proposé de s'étendre au cours de l'après-midi et de visualiser une couleur qu'elle

 «Au moment où elle s'était étendue, elle avait aperçu des boules de lumière jaune circuler autour d'elle.»

aimait. De mon côté, j'ai tout de suite perçu une certaine douleur au niveau de ses omoplates. J'ai donc posé ma main dans le dos de ma poupée à cet endroit précis en lui projetant une belle énergie. Et je l'ai enveloppée en même temps de belles couleurs chaudes comme le jaune. Eh bien, le lendemain, cette dame m'a donné un coup de fil et je pouvais sentir le grand étonnement dans sa voix. Au moment où elle s'était étendue, elle avait aperçu des boules de lumière jaune circuler autour d'elle.

 « Tant mieux, si je peux faire ainsi du bien, simplement. »

Elle s'était rapidement sentie très paisible. Les tensions dans son dos s'étaient évanouies tout doucement. Cette nuit-là, elle a dormi presque 12 heures, et s'est réveillée, le lendemain, la tête légère et les idées claires.

Elle m'a raconté s'être sentie bien et stimulée. Toujours selon ses dires, ce bien-être se serait prolongé durant quelques jours de façon très significative. Et voilà! C'est souvent comme ça que ça se passe. Ça me fait sourire. Tant mieux, si je peux faire ainsi du bien, simplement, de cette manière!

Dans un parc, une femme se tenait tout près de moi. Dans un faux mouvement, elle s'est tourné le pouce, ce qui lui a fait terriblement mal. Rapidement, j'ai recouvert son pouce de mes mains en lui transmettant de l'énergie. La douleur s'est estompée aussitôt. Toute surprise et bien heureuse, elle m'a regardée en me disant : "Mais que m'avez-vous fait ? Je n'ai presque plus mal ! Merci, merci beaucoup !" Cela dit, il est très rare que j'agisse ainsi, sur un coup de tête. Habituellement, je demande la permission d'abord. »

La peur des charlatans

À un autre moment, une de ses voisines lui fait part de douleurs aux jambes qu'elle a bien du mal à supporter malgré les médicaments prescrits par son médecin qu'elle prend de façon assidue. Elle demande à Jo-Ann si elle peut faire un

 «Je suis là pour soulager les gens.»

petit quelque chose pour elle. Jo-Ann se rend chez elle à quelques reprises et apaise grandement ses douleurs même si elles sont récurrentes. «Malheureusement, j'ai dû cesser abruptement mes visites. Ses enfants craignaient que je sois un charlatan.

Je n'y suis donc plus retournée. Je ne voulais surtout pas que cela crée des problèmes à cette dame que j'aimais bien. Ce que peuvent penser certains individus à mon sujet ne me dérange pas. Ils ne comprennent pas ce que je fais et ils sont craintifs. J'accepte cela. Mais il faut savoir que je ne demande jamais d'argent à quiconque pour cette aide que j'apporte momentanément. Je ne le fais que si on me le demande, je ne fais jamais de sollicitation. Je ne profite jamais de la situation non plus. Je suis là pour soulager les gens s'ils me font part de leur malaise, c'est tout, ni plus ni moins. Et si cela peut contribuer au bien-être de certains, c'est tant mieux!»

Les pouvoirs de la pensée positive

Michelle Parent, psychologue, nous donne son point de vue sur le pouvoir que certaines personnes accordent aux prières adressées aux saints ou à la force de la pensée positive.

«Plus que jamais, il est important de pratiquer le discernement dans le monde du spirituel. Actuellement, au Québec, on assiste à une vague de désacralisation. On remarque une perte de repères de la part de personnes qui cherchent un sens à leur vie et, comme l'Église ne semble plus répondre à leurs interrogations, ces personnes vont ailleurs. Et "ailleurs", il y a beaucoup trop de choses! On peut tomber sur un menu pas toujours sain, si je peux m'exprimer ainsi. Les sectes font notamment partie de ces dangers potentiels où l'on peut être pris au piège. Quand un gourou ou un guide qui se dit spirituel pousse quelqu'un en phase terminale à laisser tomber ses médicaments car il l'assure qu'il va le guérir par la seule force de sa pensée, on tombe dans l'excès. Ces gourous font preuve d'un tel narcissisme qu'ils sont convaincus de posséder tous les pouvoirs, qu'ils exercent dangereusement sur plus fragiles qu'eux.

Par contre, il y a tout de même du bon dans la pensée que l'on qualifie de constructive ou de positive. Si cela peut permettre à quelqu'un de mieux vivre sa vie, tant mieux. Comme dans tout, c'est l'excès qui est néfaste. Les gens qui utilisent la pensée positive pour tenter de se guérir croient que leur propre moi a la force ultime d'y arriver ou encore ils croient à une puissance qu'ils

attribuent à l'au-delà ou à une énergie cosmique. Dans leur processus, ils mobilisent une énergie intérieure pour provoquer le miracle. Est-ce cette énergie qui peut transformer leur corps? C'est encore de l'ordre du mystérieux.

Je tiens à préciser que je suis une personne qui croit, qui est même prête à croire qu'il arrive que certains individus puissent en venir à se guérir eux-mêmes. Toutefois, je ne crois pas en n'importe quoi. C'est pourquoi je suis incapable de croire à l'absolu de la force de l'être humain sur tout. Cela voudrait dire que l'humain serait lui-même Dieu, qu'il aurait droit de regard sur sa vie et sa mort. Nous ne sommes pas des êtres tout-puissants qui ont le contrôle total sur leur vie et leur mort. Si quelqu'un se guérit de façon dite miraculeuse, ce peut être exceptionnel, mais ce n'est pas nécessairement lui qui a fait en sorte que cela se produise. Il s'agit probablement de circonstances exceptionnelles de la vie.

On connaît bien cette phrase de la Bible qui dit: "Va, ta foi t'a sauvé." Cela le dit bien, le miracle arrive parce que tu y as cru. Que ce soit par la pensée positive ou par la foi dans les prières, il y a là une même démarche qui origine de la même volonté : mobiliser des énergies pour en arriver au miracle. Les gens qui croient à la prière et implorent un saint afin qu'il les guérisse vont canaliser à leur façon leur pensée positive vers cette figure à qui ils attribuent le pouvoir de guérison. C'est comme s'ils passaient par un intermédiaire, mais le processus est bien similaire et le résultat tout autant.

Malgré tout, des gens peuvent avoir les meilleures pensées positives possible et prier intensément le frère André ou sainte Anne sans profiter de l'avènement de miracles. Pourquoi ? On n'a pas de réponse. Pourquoi cela fonctionnerait pour certains et pas pour d'autres ? " Il est grand, le mystère de la foi ", comme on chante si bien à l'église !

Quand les guérisons miraculeuses ou inexpliquées se produisent – si ce sont vraiment des miracles, bien sûr –, elles se vivent comme un arc-en-ciel dans la vie des miraculés, comme le pont qui relie le monde spirituel au monde matériel, comme une ouverture sur la beauté de la vie, comme un cadeau de la vie. Si cela nous arrive, c'est comme un état de grâce qui nous rappelle d'être reconnaissant d'être vivant, d'éprouver de la joie, parce qu'il arrive parfois que la vie nous dépasse. Tenter d'en trouver l'explication n'est peut-être finalement pas si important que cela.

Je terminerai par ces mots de Thich Nath Hanh, un moine bouddhiste vietnamien : " La vie est pleine de souffrance, mais elle est aussi pleine de merveilles : le ciel bleu, le soleil, les yeux d'un enfant. Souffrir n'est pas tout. Nous devons aussi toucher les merveilles de la vie. Elles sont en nous, autour de nous, partout, à chaque instant. " »

PARTIE 3

LA FORCE
DE LA VIE

Il y a des moments dans la vie où
l'on frôle vraiment la mort de près.

Des moments où la vie n'a pas dit son dernier mot,
où sont repoussées les limites de l'impossible.

Parfois, la vie est plus forte que la mort.

SURVIVRE À UNE CHUTE
DE PLUS DE 4 000 MÈTRES

*« Je me souviens encore
du moment exact
où j'ai touché le sol. »*
Simon

« Quand on saute en parachute, on célèbre la vie. » C'est ainsi que Simon St-Hilaire parle de sa passion, le parachutisme. En 2005, il a trois ans d'expérience et quelques centaines de sauts à son actif. Il pratique son sport avec prudence et expertise. Il raffole de la bouffée d'adrénaline que cela lui procure. Mais, le 24 septembre 2005, vers 16 h, sa vie bascule. Après une vertigineuse chute libre de 13 500 pieds (environ 4 100 mètres[28]), il s'écrase au sol. Il n'en meurt pas. Serait-ce miraculeux ? Ce jour-là, en tout cas, la vie a donné une seconde chance à Simon St-Hilaire. Il en profite aujourd'hui au maximum. Il ne sautera plus jamais en parachute. Parce que ses proches le lui ont fait promettre. Quant à lui, il y rêve encore, mais il s'en abstient... Simon nous raconte comment il a survécu miraculeusement à cet accident dramatique qui aurait dû lui coûter la vie.

Tout ça à cause des fraises et des kiwis...

« La journée était magnifique. Le soleil brillait. Le temps était clair. Les feuilles des arbres étaient flamboyantes. Le coup d'œil du haut du ciel était superbe. Tout semblait parfait.

Simon St-Hilaire, à gauche, avec son ami parachutiste Franck Edit.

 « J'avais de plus en plus d'étourdissements, du mal à respirer, je voyais des points noirs... »

J'en étais à mon quatrième saut de la journée. Je m'apprêtais à sauter. Nous étions cinq parachutistes assis côte à côte dans le petit avion Cessna Caravan. Tout à coup, je me suis mis à me sentir mal, j'avais de plus en plus d'étourdissements, du mal à respirer, je voyais des points noirs...

J'ai alors remarqué qu'une jeune femme assise près de moi mâchait de la gomme. Je lui ai vite demandé quelle en était la saveur. C'était bien ce que je pensais, c'était à la fraise et au kiwi. J'ai une allergie extrêmement sévère aux fraises et aux kiwis. Leur simple odeur peut susciter chez moi un choc anaphylactique. Je savais que c'était à ça que je réagissais aussi fort.

Simon St-Hilaire en chute libre.

Je lui ai vite demandé d'avaler sa gomme, même si le mal était fait. Mais, bon, je me suis dit qu'en sautant de l'avion,

 «Quelques secondes après mon saut, je m'évanouissais en pleine chute libre. »

le bon air frais règlerait tout. Car, dans certaines autres situations où je m'étais trouvé en présence de ces allergènes-là, ça s'était estompé quand j'étais sorti prendre l'air. Mais là, ce ne fut pas le cas. Quelques secondes après mon saut, je m'évanouissais en pleine chute libre.

Comme j'avais sauté seul, personne autour de moi ne pouvait voir que j'étais inconscient. Et je descendais à une vitesse folle vers le sol, sans même savoir ce qui était en train de m'arriver. »

La chute

Simon descend ainsi pendant 9 500 pi (2 900 m) sans reprendre conscience. La chute ne dure que quelques secondes. Tout se passe à une vitesse vertigineuse. C'est le son aigu de l'altimètre sonore dans son casque qui le ranime. Cette alarme sert notamment à avertir le parachutiste d'ouvrir sa voilure si ce n'est pas encore fait, le prévenant qu'il a atteint la limite recommandée, c'est-à-dire 4 000 pi (1 200 m) du sol. L'altimètre sonore peut servir notamment à rappeler aux parachutistes qui font des figures regroupées dans le ciel qu'il est temps d'ouvrir leur parachute.

«Le son aigu m'a réveillé tout d'un coup. J'ai aussitôt actionné l'ouverture de mon parachute, mais il était déjà trop tard pour qu'il s'ouvre de façon adéquate.

Il faut savoir qu'en chute libre, on descend habituellement de 1 000 pi [300 m] en 5 à 6 secondes. Les données qu'avait mémorisées mon altimètre révèlent qu'à 4 000 pi [1 200 m], je descendais déjà à 222 milles à l'heure [356 km/h] au lieu des 125 milles à l'heure [200 km/h] habituels à cette hauteur-là. Ce que cela veut dire, c'est qu'à un certain moment, en fin de chute, je descendais des paliers de 1 000 pi [300 m] en 2,2 secondes à peine! Ma chute a donc duré 56 secondes au lieu de 3 à 5 minutes. Je devais être ainsi rendu tellement bas que mon parachute principal n'a pas eu le temps de s'ouvrir. Et à 700 pi [212 m], mon DAA [dispositif d'activation automatique, qui calcule la vitesse de descente en fonction

de la pression atmosphérique] a évalué que quelque chose n'allait pas. Le dispositif a donc activé également l'ouverture de mon parachute de réserve à environ 300 pi [90 m]. Ce que ça a donné? Les deux parachutes se sont enroulés l'un dans l'autre, ce qui fait que ni l'un ni l'autre n'a pu s'ouvrir complètement!

«Je descendais à 222 milles à l'heure [356 km/h] au lieu des 125 milles à l'heure [200 km/h] habituels à cette hauteur-là, si près du sol!»

Certains témoins m'ont dit que mon parachute de réserve s'est peut-être quand même ouvert un petit peu, ce que je pense être vrai, sinon l'impact au sol aurait été bien plus fulgurant. Même si je me souviens clairement m'être bel et bien écrasé au sol.»

L'impact

Simon se souvient très bien du choc violent de l'impact au sol. Il ne perd pas conscience même s'il est terrassé par la douleur. Il pose même instinctivement les gestes rituels prévus pour un atterrissage régulier. «J'ai ressenti une fraction de seconde seulement le mouvement brusque de freinage que provoque l'ouverture du parachute. Je n'étais qu'à

«J'ai pensé que je préférais mourir en voyant le ciel au-dessus de ma tête.»

quelques pieds du sol. J'ai tout de suite pensé à me placer pour que le bas de mon dos touche le sol en premier, afin de protéger le plus possible ma tête de l'impact. J'ai aussi pensé que je préférais mourir en voyant le ciel au-dessus de ma tête une dernière fois au lieu du sol où j'allais m'écraser. Mon bassin a touché le sol en premier. C'est aussi cette partie de mon corps qui a accusé tout le choc de l'impact.»

Simon vient de s'effondrer dans un immense champ de maïs aux hautes tiges.

Le sol est encore légèrement mou à cause des pluies des jours précédents. Pendant ce temps, non loin de là, Martin, l'ami de Simon qui était le pilote cette journée-là, vient d'assister à la tragédie. Il pose son appareil et court aussi vite que possible vers son ami, craignant le pire. Simon, lui, se demande dans quel état il sortira de là. «J'étais entouré

 «Puis, j'ai senti soudain une grande chaleur bizarre se répandre dans mon ventre.»

de longues tiges de maïs de six ou sept pieds [2 m] de haut, je ne voyais que ça autour de moi. Je me demandais si on m'avait vu tomber et combien de temps les secours allaient prendre pour venir me chercher. Des voisins ont dit plus tard m'avoir entendu crier, mais ça, je n'ai pas souvenir de l'avoir fait. Autre réflexe instantané, j'ai tout de suite essayé de bouger. Il n'y avait rien à faire avec mes jambes. Ça ne bougeait plus. Puis, j'ai senti soudain une grande chaleur bizarre se répandre dans mon ventre.

Je savais bien que ça n'allait pas, que ce n'était pas normal, mais je ne savais pas qu'est-ce qui n'allait pas! La douleur était effrayante. J'avais mal partout. Plus j'essayais de bouger, plus j'avais mal. C'est étrange ce que les poussées d'adrénaline peuvent faire, car je n'avais qu'une chose en tête : il fallait que je détache mon parachute, il fallait que je le détache au plus vite, je ne voulais pas que les ambulanciers arrivent et le coupent. Ça coûte cher, un parachute! J'ai ensuite tenté de m'asseoir, mais c'était trop douloureux. J'avais quand même réussi à défaire les sangles du parachute sur ma poitrine et l'une de celles entourant mes jambes quand mon ami Martin m'a trouvé. Je n'oublierai jamais que c'est lui qui est arrivé en premier près de moi. Vous dire à quel point j'étais content de le voir! Lui, il était vraiment surpris que je sois conscient et que je lui parle avec une parfaite cohérence. Il a été parfait. Il était très calme, il me rassurait, il me faisait parler, il me demandait si je pouvais bouger, il voyait bien que je n'avais pas de blessures extérieures, que tout était certainement interne. Me connaissant, il savait bien que si je ne bougeais pas, c'est que j'avais de sacrées bonnes raisons! Tous les deux, on se doutait bien que mon état était grave.»

Vite à l'hôpital

Dès que son ami Martin se trouve à ses côtés, Simon se laisse aller et perd conscience par intermittence. Il sait

 « C'était quelque chose que je ne connaissais pas, tellement ça faisait mal. »

qu'il est entre bonnes mains et que son ami va tout faire pour s'occuper de lui. Les ambulanciers arrivent sur le lieu de l'accident très rapidement. Ils stabilisent le jeune parachutiste sur un brancard. Simon se souvient aussi de ce moment. «Ils m'ont demandé où j'avais mal et à combien j'évaluais mon mal entre 1 et 10. Je leur ai dit à 10 sans hésitation! La douleur était impressionnante. C'était quelque

chose que je ne connaissais pas, tellement ça faisait mal. Je me disais qu'il ne pouvait pas y avoir pire douleur.»

Entre-temps, Manon Sévigny, sa conjointe de l'époque, arrive sur les lieux et le réconforte. Elle prend place dans l'ambulance auprès de lui en direction de l'hôpital. Tout au long des jours qui suivront, elle sera d'ailleurs d'un soutien incroyable pour lui. L'ambulance arrive finalement au service des urgences alors que Simon est encore conscient. «J'avais de la boue dans la bouche, dans les oreilles, j'étais

 «Ma vessie avait éclaté au moment de l'impact.»

plein de boue à vrai dire. Je me rappelle même avoir demandé à ma blonde si elle me trouvait encore beau! Puis, le médecin m'a expliqué dans quel état j'étais. J'avais accusé tout le choc au niveau du bassin. Il était cassé en plusieurs morceaux, des vaisseaux sanguins avaient été perforés, mais aucune artère n'était touchée. Et ma vessie avait elle aussi éclaté au moment de l'impact.

La chaleur dans mon ventre, c'était donc ça. Par contre, je n'avais pas de fractures aux jambes et aux bras, ni à la colonne vertébrale. J'avais une vertèbre écrasée au bas du dos et le sacrum en mille miettes. Plus une commotion cérébrale.

Mon médecin m'a révélé par la suite que mon ossature d'une solidité extraordinaire et mon bon fessier musclé m'avaient probablement protégé. Il fallait m'opérer au plus vite. L'un des derniers souvenirs que je conserve avant l'opération, ce sont tous les instruments, perceuse, scie et scalpels, que je voyais sur les guéridons autour de la table d'opération où j'étais étendu... Puis, j'ai perdu la carte. »

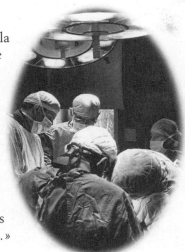

Un véritable casse-tête

Les médecins doivent restaurer le bassin de Simon. Il est en bien mauvais état. Dans le jargon médical, ils parlent d'un *open book*, c'est-à-dire que les os du bassin se sont complètement affaissés en se brisant en plusieurs fragments, et le sacrum, l'os à la base de la colonne vertébrale, a été littéralement fracassé. Simon nous raconte ce que ces spécialistes ont réalisé comme travail. «Ils ont consolidé le tout avec plusieurs plaques de métal retenues par huit vis. J'ai

 «Avec toutes ces vis et cette tige que j'ai dans le corps, quand je passe aux douanes aujourd'hui, je déclenche toujours la sonnerie des détecteurs de métaux. »

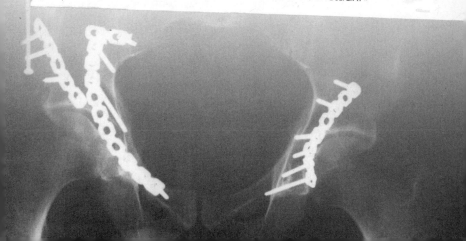

une tige de métal qui passe de bord en bord de mon bassin pour retenir celui-ci à ma colonne vertébrale. J'ai même une vis plantée en plein dans le nerf sciatique. J'ai tout ça dans le corps pour le reste de mes jours. Sinon, mon bassin s'écroulerait.»

«Je suis encore en vie, c'est ce que je me dis quand ça fait trop mal!»

Le ventre de Simon est marqué de deux longues cicatrices en croix qui ont demandé 38 points de suture de haut en bas et 38 de droite à gauche. Le côté gauche de son corps est le plus affecté. Il souffre régulièrement de fortes crampes dans le pied gauche. Toutes ces séquelles lui occasionnent des douleurs perpétuelles 24 heures sur 24. Il les qualifie même de sensations folles, tellement il trouve étrange ce qu'il peut ressentir parfois. Fait étonnant, quelques semaines après l'accident, il a même perdu des dents, de grosses molaires. «On pense que c'était probablement un contrecoup de l'impact. J'ai dû serrer les mâchoires tellement fort...»

La vie d'après

Après l'accident, Simon séjourne trois semaines aux soins intensifs avec des tubes lui sortant de partout dans le corps. Les médecins ne sont pas certains qu'il remarchera. Dix jours après sa première opération, on l'opère à nouveau, pour sa vessie cette fois-ci, afin de tenter de la recoudre.

«Les six mois qui ont suivi mon accident, j'ai uriné du sang.»

«C'est fou, mais cette opération-là m'a semblé beaucoup plus difficile que celle du bassin. Peut-être parce que j'étais alors affaibli. En tout cas, j'ai eu beaucoup plus de mal à récupérer de cette opération.

Enfin, après être resté couché sept semaines entières dans mon lit d'hôpital, il fallait que je m'assoie pour une première fois. Les infirmiers m'avaient averti que ce serait très douloureux. Ils m'ont soulevé lentement et m'ont déposé le plus doucement possible dans un fauteuil roulant. Je ne devais rester assis là que quelques minutes, pour cette première fois. C'était tellement douloureux, c'est presque inexplicable. J'ai quand même tenu tête à ma douleur et je suis demeuré dans ce fauteuil 38 minutes! Quand ils m'ont recouché, j'étais totalement épuisé. Après, ça n'a pas été long avant que j'apprenne à me glisser tout seul dans ce fauteuil pour rouler jusqu'en physiothérapie. Il était clair pour moi que je devais refaire ma masse musculaire et renforcer mon corps au plus vite.

Les infirmiers se rendaient compte que j'étais là sans rendez-vous et qu'aucun physiothérapeute ne me supervisait. Je me débrouillais par moi-même. Malgré leurs remontrances, je les ai tous surpris quand ils ont constaté à quel point j'avais fait des gains énormes par moi-même en une semaine seulement. Deux mois après ce terrible accident, je réussissais à faire quelques pas de la jambe droite, aidé d'une marchette. Ça en a étonné plusieurs! Quand je suis sorti de l'hôpital, j'avais une chaise roulante et des béquilles pour pouvoir me déplacer. Mais je tenais à remarcher coûte que coûte et au plus vite.»

Joyeux Noël!

Le 24 décembre 2005 demeure un jour mémorable pour Simon. Ce soir-là, il exécute quelques pas devant sa famille,

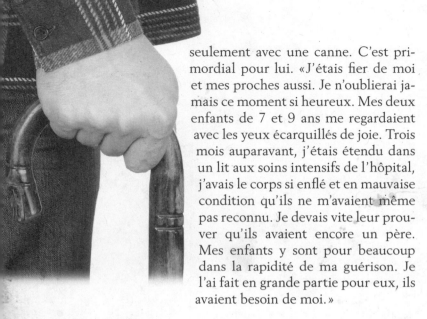

seulement avec une canne. C'est primordial pour lui. «J'étais fier de moi et mes proches aussi. Je n'oublierai jamais ce moment si heureux. Mes deux enfants de 7 et 9 ans me regardaient avec les yeux écarquillés de joie. Trois mois auparavant, j'étais étendu dans un lit aux soins intensifs de l'hôpital, j'avais le corps si enflé et en mauvaise condition qu'ils ne m'avaient même pas reconnu. Je devais vite leur prouver qu'ils avaient encore un père. Mes enfants y sont pour beaucoup dans la rapidité de ma guérison. Je l'ai fait en grande partie pour eux, ils avaient besoin de moi.»

Au travail maintenant

Simon n'a pas dit son dernier mot. Plus fou encore, il reprend le travail le 28 janvier suivant. Pour tous, c'est inespéré. Ses médecins avaient prévu son retour au travail de façon graduelle un an après son accident. «Après quatre mois, j'ai recommencé à travailler comme je le faisais auparavant. Je me rappelle avoir bien choisi mon premier atelier. Revoir ces clients, des habitués, fut symbolique pour moi. C'était un groupe d'Énergie Cardio. Ils avaient attendu que je revienne au travail pour s'assurer que ce soit moi qui leur

Gabrielle et Alexandre, les deux enfants de Simon.

présente cette conférence! La journée fut éprouvante physiquement, mais combien gratifiante.»

«À la mi-février, j'avais presque repris mon travail à temps plein.»

La vie continue

Depuis, Simon renoue petit à petit avec son quotidien. Il se montre encore bien étonné d'avoir survécu miraculeusement à une chute libre de plus de 4 000 m. Il en remercie la vie chaque matin, même s'il doit vivre avec des séquelles qu'il appelle plus gentiment ses «contraintes».

«Je répète souvent que j'ai eu un accident *en* parachute, non pas un accident *de* parachute. Rien n'a mal fonctionné dans mon équipement, tout était parfait. Le problème est venu de ma condition physique et de rien d'autre. J'ai des amis qui ont des entreprises de parachutisme et je tiens à ce que les gens continuent de pratiquer ce sport extraordinaire, au danger potentiel minime.»

Maintenant, il arrive même à Simon de faire du vélo de montagne. Bon, le nerf de sa jambe gauche peut coincer, faisant en sorte que celle-ci s'arrête instantanément de pédaler. Il tombe ainsi parfois, se relève et enfourche à nouveau son vélo pour filer encore vers les bois. Le moins que l'on puisse dire, c'est qu'il semble n'y avoir rien à son épreuve. «Je ne peux pas dire que c'est l'une de mes activités préférées, car j'ai souvent plus de mal que de plaisir, mais je ne veux pas m'arrêter pour ça. Je ne peux quand même pas rester à rien faire! Ce n'est vraiment pas dans ma nature. Je suis un sportif insatiable. D'accord, je ne sauterai plus jamais en parachute car le prix à payer pour prendre un tel risque est beaucoup trop grand.

Simon à sa participation au Marathon des Deux Rives, en 2008.

Dans une descente régulière, l'impact au sol est encore trop importante pour que mon bassin puisse le supporter. Mais je ne vais quand même pas cesser de pratiquer des activités sportives. C'est un besoin viscéral chez moi. Alors, je me suis tourné vers d'autres sports. Je fais de l'escalade sur glace, de l'alpinisme, du ski et de la plongée sous-marine.»

La tête dans les nuages

Simon a toujours aimé le ciel et la bouffée d'adrénaline que procure le parachutisme. Ce n'est pas demain que cette passion va s'atténuer. Toutefois, comme il ne sautera plus jamais en parachute, il a trouvé un moyen de se garder la tête dans les nuages. Il fait maintenant des expéditions vers les plus hauts sommets du monde. «En juillet 2009, j'ai gravi le mont Pisco, au Pérou. Au bout de six jours, à 7 h du matin, on atteignait le sommet de 5 752 m. C'était magnifique, je respirais à fond et je n'en revenais pas d'être toujours en vie et de réussir cette expédition.»

Simon n'a pas l'intention de s'arrêter là. Il rêve maintenant de gravir une des sept plus hautes montagnes du monde, le mont Aconcagua en Argentine, qui constitue le plus haut sommet des Amériques. Et à voir sa détermination, il y parviendra sûrement.

La joie de vivre au jour le jour

Avoir survécu à une telle chute a quelque chose de miraculeux. Plusieurs le prétendent. Quant à Simon, il s'étonne encore chaque jour d'être encore en vie. Surtout qu'à quelques mètres de son point de chute, il y avait une route asphaltée et une tour d'Hydro-Québec. Être tombé là, ça

 « La vie m'a vraiment donné une deuxième chance. »

Simon St-Hilaire au sommet du mont Pisco, au Pérou, en 2009.

Simon en plongée avec son fils Alexandre.

 « La mort s'est essayée avec moi et elle a perdu. »

aurait été la mort certaine! Mais la Grande Faucheuse ne lui avait pas donné rendez-vous ce jour-là. «J'ai souvent dit aux enfants, la mort s'est essayée avec moi et elle a perdu. Votre papa est plus fort que la mort. J'avais l'impression de les rassurer ainsi. Ils avaient eu tellement peur de me perdre…»

Toutefois, les douleurs continuelles sont toujours bien présentes et le jeune homme devra subir d'autres répercussions de l'accident que même les médecins ne peuvent prévoir. Son cas est unique et dépasse l'entendement… Il a vraiment frôlé la mort de près.

Éternel optimiste, Simon termine son histoire avec cette touche d'humour qui témoigne tant de sa soif de vivre. «Dans le fond, il ne faut jamais oublier que la vie est un privilège. Chaque année de plus dans ma vie est un bonus. La vie m'a vraiment donné une deuxième chance. Il ne faut surtout jamais oublier que nous avons tous une date d'expiration. Eh bien! Moi, je me dis que de mon côté, j'ai eu la chance extraordinaire que la mienne soit retardée!»

Une autre petite histoire miraculeuse

Nous sommes au début des années 1980, au cœur de l'été. Bertrand Tremblay est à l'emploi de l'usine de pâtes et papiers de Clermont, dans Charlevoix. Il travaille sur le quart de travail de 16 h à minuit. Cependant, cet après-midi-là, son patron l'appelle pour lui demander de commencer plutôt à 14 h. Bertrand relate un incident abracadabrant advenu sur son lieu de travail et qui aurait pu lui coûter la vie. «Nous devions débloquer les conduits qui transportent les écorces à la grosse bouilloire pour être brûlées dans le but de fournir la vapeur nécessaire au bon fonctionnement des machines à papier. Nous étions très concentrés sur notre boulot. Subitement, une grosse tige de fer de 8 pi de long sur 3/4 po de diamètre [2,4 m × 0,019 m] a glissé à la verticale dans mon dos, entre ma chemise et ma peau, continuant sa chute entre la ceinture de mon pantalon et mon corps pour s'arrêter sur le sol dans un intense bruit métallique. Cette tige venait tout d'un coup de tomber du plafond d'une hauteur d'environ 30 pi [9 m]! Ça s'est passé en quelques secondes et je n'ai rien vu venir. J'ai aussitôt sursauté en essayant de me déplacer. C'est à ce moment-là que j'ai compris ce qui venait vraiment de se passer. Il m'était impossible de bouger car j'étais coincé. La tige s'était plantée dans un grillage du plancher. J'ai dû défaire ma ceinture pour pouvoir me dégager. Tous mes vêtements ont été déchirés à son passage. Par contre, la seule trace qu'elle a laissée près de mon corps n'a été qu'une fine et longue égratignure très droite dans mon dos. Je n'avais pas eu le temps de ressentir quoi que ce soit et je n'ai eu aucune douleur. N'est-ce pas étonnant? Vive la Providence et mon ange gardien! L'intervention du divin était au rendez-vous, c'est certain. Ce fut tellement exceptionnel de survivre à une telle situation. Il est bien clair que, ce jour-là, je n'avais vraiment pas à mourir!»

UN VIOLENT COUP DE FOUDRE

« Une fumée s'élevait de tout mon corps et l'odeur était celle d'un animal sur le gril. »
Frédéric

Frédéric Patoine adore la nature et ses beautés. Il y passe le plus de temps possible. Il y trouve paix et sérénité. Il en connaît bien les caprices aussi. Cela a failli lui coûter la vie le 13 juillet 2009. Ce jour-là, Frédéric a été foudroyé. Il se souvient clairement de chaque seconde de ce drame, ce qui est très rare dans un tel cas. Et il n'oubliera jamais ces instants d'horreur.

Cet après-midi-là, Frédéric est à cueillir calmement des fraises des champs dans un coin inhabité près d'un barrage, à une dizaine de minutes de la ville de Saguenay. Il est seul et il n'y a personne en vue. Quelques formations nuageuses nullement inquiétantes grisonnent le ciel. Une bonne pluie fraîche et abondante se met à tomber. Frédéric n'en fait pas de cas. Il aime bien la pluie. Il continue sa cueillette.

 « J'ai pensé qu'il valait mieux aller me réfugier sous les arbres. »

Tout à coup, de gros grêlons se mettent à lui tomber dessus. Il nous raconte la suite. «Les grêlons me pinçaient la peau. J'ai donc pensé qu'il valait mieux aller me réfugier sous les arbres d'un petit boisé non loin de là.

Il n'y avait aucun orage en vue, je n'entendais aucun grondement, car j'aurais su que ce n'était pas sage de me cacher sous un arbre en temps d'orage. Je suis un gars de bois, il y a longtemps que je sais ça. Je dépose donc mes pots de fraises et ma canette de Red Bull par terre en attendant que la grêle s'apaise. On dirait bien qu'un ange m'a donné une tape sur l'épaule à cet instant précis et m'a dit : "Prends vite une gorgée de Red Bull", parce qu'au moment même où je me suis penché, j'ai été propulsé dans les airs et je

 « Je n'entendais qu'un très fort silement et le sang me coulait des oreilles. »

suis tombé cinq pieds [1,5 m] plus loin. La foudre venait de tomber sur l'arbre – qui sait si elle ne serait pas tombée directement sur moi si j'avais été debout – et elle a dévié vers moi, me traversant le corps de l'épaule droite au pied gauche. J'étais tout d'un coup couché par terre, sur le côté, en état de choc. Je n'entendais qu'un très fort silement et le sang me coulait des oreilles.

Je me suis mis à avoir des spasmes musculaires à répétition. C'était intense et très inquiétant. À ce moment-là, je ne comprenais pas ce qui venait de m'arriver. Je craignais d'avoir un caillot au cerveau et d'être en train de mourir. Puis, ma vision s'est voilée. Je réussissais juste à voir les grêlons toucher terre près de mon visage, c'est tout. Puis, ça a été le noir total. Je me suis dit que ce devait être la fin.

 « J'avais l'impression que mon cœur ne battait plus. »

J'ai pensé aux gens que j'aimais et, très rapidement, ma vision est revenue. C'est là que j'ai constaté que je ne pouvais plus bouger. J'ai quand même tenté de remuer mes doigts, mes mains, mes pieds. C'était très difficile. Je paniquais pas mal... Je cherchais mon souffle. Je n'étais plus capable de respirer. J'avais l'impression que mon cœur ne battait plus.

Je me suis souvenu de techniques de respiration par le ventre apprises à l'école et je les ai mises en pratique. Ma respiration est soudainement devenue très rapide et très saccadée, et le cœur me palpitait comme un bon! Il a certainement dû atteindre près de 200 battements par minute. À cet instant-là, je me suis dit: "Il y a vraiment quelque chose qui marche pas, mais attends, il faut que tu essaies de te relaxer..." J'ai donc tenté de calmer ma respiration, puis de secouer un peu la tête. Mon bras gauche bougeait lui aussi. J'ai ainsi pu regarder l'heure, il était 14 h 52. Je me suis rappelé avoir regardé ma montre un peu avant 14 h 45, au moment où je m'étais dirigé sous l'arbre. Ma montre n'avait pas cessé de fonctionner parce que le boîtier était en plastique.

Par contre, le bracelet de métal avait été attaqué. Des lamelles de métal s'étaient soulevées et des traces du passage

Remarquez comment l'or de la bague (à gauche) a fondu sous le coup de l'impact de la foudre. Le côté du bracelet de la montre (à droite) présente également d'étranges striures laissées par le passage de la foudre sur le bras de Frédéric.

de l'électricité y sont encore très visibles aujourd'hui. Une partie du métal de ma bague en or avait fondu et ratatiné, lui aussi. Et là, après ces quelques constatations, j'étais toujours couché sur le côté, les genoux pliés. Je me suis dit, il faut vraiment que tu réussisses à te relever et à trouver de l'aide, t'es complètement seul ici. »

Aller chercher de l'aide

Frédéric déploie toutes ses forces pour tenter de remuer un membre à la fois. Mais en regardant son corps, il a tout un choc. « J'ai soudain vu que je boucanais comme un porc

« J'avais la peau cuite sur de grandes parties du corps. »

grillé! Vraiment! Une fumée s'élevait de tout mon corps et l'odeur était celle d'un animal sur le gril. C'était épouvantable! À part mes cheveux, tous les poils de mon corps étaient brûlés.

Et ça ne sent pas très bon, du poil cuit, je peux vous le dire. J'ai eu soudain très peur. C'est à ce moment-là que j'ai compris que c'était la foudre qui m'était tombée dessus. La charge d'électricité que j'avais reçue me faisait bouillir le sang dans les veines. J'avais d'énormes bouffées de chaleur

« Je n'avais qu'une motivation maintenant, trouver de l'aide. »

et ça me brûlait partout sur et dans le corps. Du côté droit, mon chandail avait fondu littéralement et le peu qui en restait était collé à ma peau. C'était comme si j'avais été couché dans de la braise. Je ne saignais pas, j'avais plutôt la peau cuite sur de grandes parties du corps.

Avec beaucoup d'effort, j'ai réussi enfin à me mettre à quatre pattes. Je me suis appuyé sur l'un des arbres à proximité.

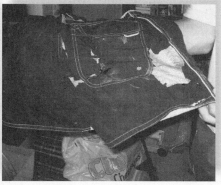

Le chandail et le short de Frédéric, brûlés par la foudre.

Étonnamment, j'ai pensé à mettre les couvercles sur mes contenants de fraises et je les ai mis dans les grandes poches de mes shorts. Il n'était pas question pour moi de les laisser là! Je n'avais qu'une motivation maintenant, trouver de l'aide. J'avançais un bras, puis l'autre, ensuite une jambe, puis l'autre. Quand j'ai retrouvé plus loin mon espadrille du pied gauche que j'avais perdue au moment de l'impact, j'ai essayé de l'enfiler, mais elle avait éclaté.

 « Je m'aidais de mes mains pour avancer mes jambes, tellement c'était difficile. »

Seule la semelle de caoutchouc était encore intacte. Tout le dessus avait été déchiqueté. Je l'ai laissée là. Sur mon espadrille droite, seulement les attaches avaient fondu. J'ai donc continué à avancer à quatre pattes. Je me répétais: "Lâche pas, lâche pas, c'est pas ici que tu vas mourir aujourd'hui, avance..."

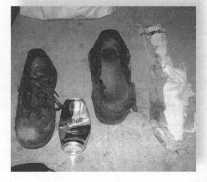

Les espadrilles et le bas que Frédéric portait le jour de l'événement. On voit aussi sa canette de Red Bull.

Je savais que j'étais à environ 500 m d'un garage municipal. Je m'aidais de mes mains pour avancer mes jambes, tellement c'était difficile.

J'ai ensuite pu me lever debout. Mais je devais encore m'aider de mes mains pour déplacer mes jambes. J'arrêtais un peu, je respirais, puis je recommençais à faire un pas et un autre. Parvenu à une clôture, j'ai réussi de peine et de misère à me glisser dans une brèche qui y était pratiquée. Ensuite, je me suis appuyé sur le garde-fou du bord de la route pour continuer à avancer. Il me restait le barrage électrique à traverser pour arriver enfin au garage. Ça faisait une grosse vingtaine de minutes que je me traînais, mais je savais que j'y arriverais. J'ai soudain aperçu un employé de la voirie qui descendait de sa voiture de l'autre côté du barrage. Enfin, j'avais trouvé de l'aide ! »

Enfin des secours

Frédéric tente d'attirer l'attention de l'homme qui se dirige vers le garage. Il constate qu'il n'a presque plus de voix. Pourtant, il finit par faire jaillir de sa gorge un cri de

 « L'image que je projetais devait être assez étrange. »

désespoir presque animal. Il sait qu'il ne peut laisser passer une telle chance d'être secouru. L'individu le remarque alors. À la grande surprise de Frédéric, il ne vient pas tout de suite vers lui. Au contraire, il semble méfiant et veut plutôt s'en éloigner. Frédéric finit par lui faire comprendre qu'il a besoin de lui. « Le gars s'est d'abord dit : "Mais quel est cet énergumène-là ?" Il est vrai que l'image que je projetais devait être assez étrange.

Je fumais de partout, mes vêtements étaient en grande partie brûlés et déchirés, et le sang me coulait des oreilles. Mais je lui ai crié : "J'ai été frappé par la foudre, je niaise pas, j'ai besoin de toi." Il s'est finalement approché, mais il avait peur

de me toucher. C'est moi qui l'ai pris par le cou en lui disant que j'avais besoin qu'il me supporte jusqu'au garage. Dès que nous sommes entrés à l'intérieur, son compagnon de travail a tout de suite appelé le 9-1-1. J'ai enfin pu m'asseoir, même si tout mon corps me brûlait de partout.»

Frédéric est soulagé quand il entend les sirènes des ambulanciers et des policiers qui s'approchent. Il sait qu'on prendra maintenant soin de lui. Dès son arrivée à l'hôpital, le jeune homme est secoué de vomissements. On le prend en charge aussitôt. On enlève délicatement tous les morceaux de vêtements brûlés collés à son corps. L'opération est très douloureuse. Il est soigné à l'urgence durant plusieurs heures. On le branche sur un moniteur de signes vitaux pour surveiller les réactions imprévues que pourraient avoir son cœur, ses poumons et ses reins.

Les médecins lui expliquent alors sa condition. Ils lui précisent d'abord que son cœur en excellente condition et sa très bonne forme physique ont sûrement contribué à le garder en vie. Le fait que ses vêtements et son corps aient été trempés par l'averse a aussi servi de conducteur extérieur à la foudre.

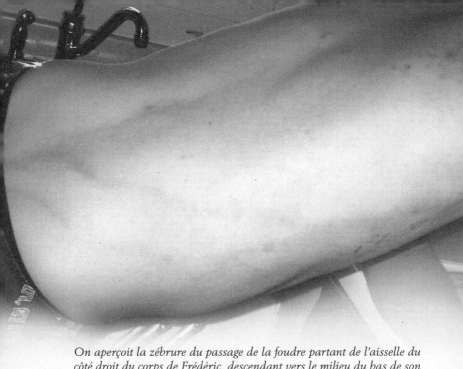

On aperçoit la zébrure du passage de la foudre partant de l'aisselle du côté droit du corps de Frédéric, descendant vers le milieu du bas de son dos. L'éclair allait ensuite frôler la fesse gauche, attiré par le métal de ses clés dans sa poche, pour ressortir finalement par son pied gauche.

 «Par l'effet de la chaleur, mes clés se sont toutes soudées ensemble. »

Sinon, l'éclair aurait pu pénétrer plus en profondeur dans son corps pour y chercher l'humidité, ce qui ne fut pas le cas. Frédéric est brûlé au deuxième degré sur 40 % de son corps et au troisième degré sur environ 10 %. Les terminaisons sanguines au bout de son pied gauche sont calcinées.

Cependant, la plupart des autres brûlures ne sont qu'en surface. Frédéric souffre d'une insuffisance rénale. Son corps s'est déshydraté, et cela nuit au bon fonctionnement des reins. Le taux de créatinine dans ses reins est extrêmement élevé, à plus de 800 micromoles par litre alors que le taux habituel est environ de 100, ce qui explique la présence d'une très forte densité de toxines due aux brûlures. Il a aussi les deux tympans perforés.

On le garde aux soins intensifs pour surveiller comment ses organes vont récupérer de ce choc effroyable. Frédéric se souvient bien de son séjour à l'hôpital. «J'avais énormément de douleurs. Les brûlures, c'est vraiment insupportable. C'est mon pied gauche et mon épaule droite qui faisaient le plus mal. La foudre est entrée par mon épaule, a glissé en partie sur mon corps et est ressortie par le pied gauche qui était très brûlé. J'avais aussi une fesse pas mal brûlée. Les clés et l'argent que j'avais dans ma poche ont fondu. Par l'effet de la chaleur, mes clés se sont toutes soudées ensemble.

J'ai aussi une pièce de deux dollars tatouée en permanence sur la fesse, tellement ça a brûlé intensément. Les infirmières

 Les terminaisons sanguines au bout de son pied gauche sont calcinées.

Le pied de Frédéric brûlé par la foudre.

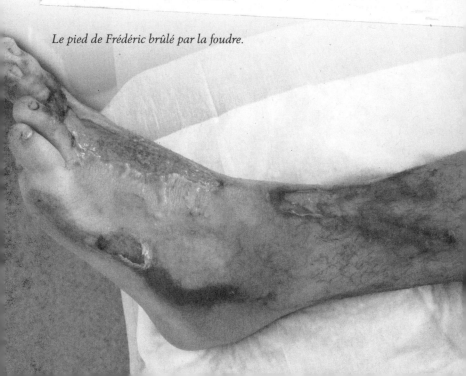

– elles faisaient vraiment de leur mieux – nettoyaient mes brûlures avec de l'eau distillée, mais ça faisait extrêmement mal. Puis, l'une qui avait étudié en soins des grands brûlés s'est occupée de moi. Elle avait appris qu'il fallait plutôt utiliser de l'eau distillée non minéralisée, car les minéraux augmentent la douleur des brûlures à leur contact. C'est comme mettre du sel sur une plaie. À partir de ce moment-là, ça a été beaucoup mieux.»

Retour à la vie

Finalement, après cinq jours à l'hôpital, Frédéric retourne enfin chez lui en béquilles. Ce ne sera qu'une question de jours avant qu'il ne marche à nouveau sur ses deux jambes. Il doit encore se rendre à l'hôpital à quelques reprises pour faire changer ses pansements, mais ses plaies guérissent très bien.

Un an a passé maintenant. Frédéric va bien. «Les gens autour de moi ont été pour quelque chose dans ma guérison. Principalement mon ex-blonde, Danielle, qui a pris grand soin de moi dans ces moments difficiles. Elle s'est tellement bien occupée de moi, je ne la remercierai jamais assez pour son amour, sa présence de tous les instants et sa générosité sans bornes.»

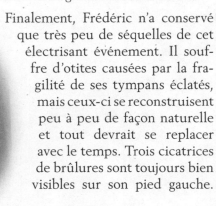

Finalement, Frédéric n'a conservé que très peu de séquelles de cet électrisant événement. Il souffre d'otites causées par la fragilité de ses tympans éclatés, mais ceux-ci se reconstruisent peu à peu de façon naturelle et tout devrait se replacer avec le temps. Trois cicatrices de brûlures sont toujours bien visibles sur son pied gauche.

Frédéric Patoine, bien en vie aujourd'hui.

Il a également conservé tous les vestiges de cette étrange aventure. Son espadrille que son frère est allé récupérer sur le site le lendemain du drame, ses vêtements brûlés, ses clés et sa monnaie. Elles lui rappellent que la vie est imprévisible, qu'il faut profiter de chaque instant, car on

 « Je me suis promis de retourner aux fraises au même endroit cette année. »

ne sait jamais quand la mort va frapper. Et s'il y en a un qui le sait très bien, c'est bien lui, elle peut même frapper pas mal fort !

« Malgré cette histoire, je n'ai pas plus peur des orages qu'avant. Je me lève encore la nuit pour admirer leur spectacle. Et je me suis promis de retourner aux fraises au même endroit cette année. Mais je pense bien que je vais choisir une belle journée ensoleillée cette fois-ci ! Pour tous ceux qui ont lu mon histoire, je voudrais terminer avec ces mots. Quand vous faites quelque chose, faites-le bien, sinon ne le faites pas du tout. Profitez de chaque instant de votre vie, car on ne sait vraiment pas quand tout ça va s'arrêter. Et ce ne peut être qu'une question de seconde ! »

Les dangers de la foudre

L'être humain a une chance sur un million d'être frappé par la foudre. Pourtant, selon René Héroux, du Service météorologique d'Environnement Canada, la foudre tue quand même de 6 à 12 personnes au Canada chaque année et en blesse sérieusement de 60 à 70 autres, dont la plupart conservent des séquelles permanentes. On estime à 32 millions le nombre d'éclairs frappant le sol de notre planète chaque année. Quant au sol canadien, près de 2,7 millions éclairs le touchent annuellement. La foudre cause chaque année plus de 4000 feux de forêt au Canada et engendre de nombreuses pannes de courant. Pouvant être six fois plus brûlante que la surface du soleil et voyageant entre 2000 à 300000 km/s, la foudre peut dégager une force électrique de 100 millions de volts. À elle seule, la centrale hydroélectrique de New York alimente la ville avec 700000 volts d'électricité. La foudre peut donc produire une énergie équivalente à 30000 °C en une fraction de seconde. Cette énergie pourrait faire fonctionner une ampoule de 120 W durant une année entière. L'éclair n'a pas plus de quelques centimètres d'épaisseur, mais un seul mètre de sa longue zébrure lumineuse peut produire la brillance d'un million d'ampoules de 100 W. Un éclair est constitué de toute décharge électrique associée à un orage. La foudre concerne le cas bien particulier où l'éclair touche le sol (puisque, dans les faits, la majorité des éclairs se manifestent dans les nuages et ne touchent pas le sol).

Mesures de protection

Si aucun bâtiment sécuritaire ne se trouve à proximité pour vous abriter, voici quelques consignes pour vous protéger quand un orage se déclare.

- Toute pièce de métal est un conducteur électrique important. Séparez-vous de votre parapluie à tige en métal ou de votre bâton de golf.

- Éloignez-vous des arbres, des poteaux, des mâts, des clôtures métalliques.

- Si vous êtes en groupe, dispersez-vous et distancez-vous de plusieurs mètres les uns des autres.

- Si vous êtes à découvert, cherchez le lieu le moins élevé et accroupissez-vous sur le sol. Évitez les mares, car l'eau est également un conducteur.

- Si vous sentez vos cheveux se dresser sur votre tête, vous risquez fort d'être foudroyé dans les secondes qui suivent. Assoyez-vous sur vos talons le plus près du sol possible en collant vos pieds bien ensemble. Entourez vos genoux de vos bras et penchez la tête vers l'avant. Surtout, ne vous étendez pas, votre corps risquerait d'être touché au grand complet par la foudre, alors qu'accroupi, les semelles de vos chaussures – si elles sont en caoutchouc – pourraient vous servir de paratonnerre.

- Si on veut être vraiment sûr d'être totalement protégé, on applique la règle du 30-30; c'est-à-dire, si on voit l'éclair et qu'il s'écoule moins de 30 secondes avant d'entendre le tonnerre, il est préférable de trouver refuge. Ensuite, pour déterminer si l'orage est vraiment passé, il est préférable d'attendre ensuite 30 minutes après le dernier coup de foudre avant de reprendre ses activités extérieures.

Sources: René Héroux, du Service météorologique d'Environnement Canada (www.ec.gc.ca); Martin Bélanger, Opérations météorologiques, MétéoMédia.

ÉCRASÉ SOUS
16 TONNES D'ACIER

« Je ne sentais plus mes jambes,
j'étais certain de les perdre,
je craignais de rester paralysé. »
Michael

Ville de Québec, 5 mars 2009, 16 h 45. Michael vient de terminer sa journée de travail. Il rentre calmement en voiture à la maison en compagnie d'un collègue. Ils s'arrêtent à un feu rouge sur le large boulevard Charest. Ils discutent ensemble de tout et de rien. Un camion remorque s'arrête un peu trop brusquement dans la voie de gauche à côté de leur voiture. Le long véhicule transporte deux énormes bloc d'acier de 16 tonnes chacun. Tout à coup, c'est la catastrophe. Les deux blocs basculent hors de la remorque. L'un s'écroule sur le sol juste derrière la voiture de Michael. L'autre... directement sur la voiture du jeune homme de 24 ans, côté conducteur. Michael se retrouve automatiquement écrasé sous 35 000 livres d'acier !

Contre toute attente, Michael a survécu miraculeusement à cet accident terrible qui aurait pu être évité. L'arrimage des blocs d'acier sur la remorque n'était probablement pas adéquat. Mais quelle qu'en ait été la cause, un fait demeure.

 « J'aurais préféré m'évanouir pour me réveiller plus tard à l'hôpital, tout étant terminé. »

Le jeune homme s'est retrouvé brusquement coincé dans sa petite Ford Escort, étouffant sous le poids de cette charge monumentale, convaincu qu'il allait mourir. Il nous raconte chaque instant de cette histoire d'horreur comme si c'était hier.

«Je n'ai jamais perdu conscience. Je me souviens de chaque seconde. Certainement les secondes les plus longues de ma vie. J'aurais préféré m'évanouir pour me réveiller plus tard à l'hôpital, tout étant terminé.

Mais bon, ce ne fut pas le cas. Loin de là. Entre autres, juste avant l'impact, je me rappelle avoir entendu mon collègue me crier: "Mic, attention!"... À la seconde même où je me

 «J'étais complètement prisonnier de mon auto, écrasé sous l'immense bloc.»

tournais vers la gauche pour voir ce qui se passait, je n'ai pu voir qu'une ombre noire s'abattre sur moi. J'ai eu l'instinct de me coucher aussitôt sur le côté droit pour éviter l'impact le plus possible. Puis, le toit de ma voiture s'est écrasé sur moi sous le poids du bloc d'acier. Mon collègue a pu sortir de la voiture en forçant la portière de son côté. Moi, il n'y

La voiture de Michael écrasée sous le bloc de 35 000 livres.

avait rien à faire. J'étais complètement prisonnier de mon auto, écrasé sous l'immense bloc.

Seuls ma tête, mon cou et une partie de mon bras droit ne se trouvaient pas immobilisés. J'avais énormément de difficulté à respirer. Mon copain m'a crié de tenir le coup,

« Il me tenait le cou et la tête avec ses mains. »

que les secours s'en venaient. Quelques minutes plus tard – ce fut très rapide en effet –, ambulanciers, policiers et pompiers étaient tous là et s'activaient autour de moi. Un des ambulanciers s'est tout de suite glissé à mes côtés et m'a promis de rester là tant que je n'en serais pas sorti. Il m'avait appliqué un masque à oxygène sur le visage pour m'aider à respirer, il me tenait le cou et la tête avec ses mains et il me parlait doucement, calmement.

J'entends encore sa voix aujourd'hui. Il a été extraordinaire. Dans la position où j'étais, je ne pouvais pas voir son visage, mais sa voix était réconfortante. Une chance qu'il a été là, car je suis demeuré dans cet enfer une heure et demie avant qu'on m'en extirpe! Les premières dix minutes, je capotais carrément; la demi-heure suivante, j'étais encore très paniqué; par la suite, étrangement, je suis devenu plutôt engourdi, comme si je vivais un certain confort. On aurait dit que je ne sentais plus rien, peut-être à cause du flux d'endorphines qui suit la poussée d'adrénaline. Je ne sais pas... Mais bon, je demeurais quand même hanté par la peur de mourir, je ne sentais plus mes jambes, j'étais certain

« Je n'allais pas bien du tout et j'avais de plus en plus de mal à respirer. »

de les perdre, je craignais de rester paralysé si je survivais. Tellement de choses défilaient dans ma tête. Je pensais à ma famille. Je me demandais comment ils allaient vivre ma

Les services d'urgence s'affairent à tenter de dégager Michael.

mort. Et le bloc, lui, continuait de descendre sur moi. Une chance qu'il était appuyé en partie sur le moteur, qui avait un peu retenu sa chute. En fin de compte, je n'allais pas bien du tout et j'avais de plus en plus de mal à respirer.»

Retirer le bloc

Les policiers bloquent toutes les rues menant à ce secteur du boulevard Charest. Ils se doutent bien qu'il ne sera pas évident de trouver le moyen de déplacer l'immense bloc et ils doivent permettre l'accès à tous les véhicules utilitaires possibles. On fait d'abord venir une chargeuse (*loader*) qui, dans le domaine de la construction, sert à déplacer des déblais ou des matériaux de toutes sortes. Mais ça ne marche pas, le

 «Ils se sont mis à cinq pour me soulever avec précaution et me sortir de là.»

bloc est difficile à déplacer sans qu'il n'attire avec lui toute la voiture et blesse encore plus la victime. Une compagnie de construction située juste en face du lieu de l'accident propose alors de fournir des chaînes afin de soulever la lourde pièce d'acier avec une grue. Cette fois-ci, ça semble vouloir fonctionner. «Quand ils ont soulevé le bloc, ma plus grande crainte, c'était qu'il me retombe dessus. J'avais vraiment peur d'y rester. Mais le bloc a finalement été retiré. Je ne respirais pas mieux pour autant. Ensuite, pour me sortir de la voiture, ils ont découpé le toit et ils se sont mis à cinq pour me soulever avec précaution et me sortir de là.

Sur les trottoirs, plein de gens amassés observaient la scène. Quand les gens m'ont vu sortir, ils ont applaudi le travail des secouristes. J'étais bien d'accord avec eux, moi aussi!»

Dès qu'il est libéré du poids qui l'écrasait, les secouristes craignent pourtant que Michael souffre de graves hémorragies internes qui pourraient le précipiter vers la mort car peut-être que cette masse comprimait les lésions et retardait les écoulements de sang. La rapidité de réaction est donc essentielle. Ils lui installent un collier cervical, le couchent sur un brancard et le transportent en ambulance à l'hôpital le plus près à une vitesse folle. Les policiers escortent le véhicule tout au long du trajet. Avertis de l'accident, les infirmiers et les médecins de l'urgence appréhendent le pire et s'attendent à accueillir une victime en très mauvais état, souffrant de multiples fractures et d'hémorragies.

Les secouristes soulèvent le toit qu'ils ont découpé pour retirer finalement Michael de sa voiture.

Le diagnostic

La vingtaine de minutes que Michael attend dans la salle de radiologie pour connaître son état lui semblent interminables. Il reçoit enfin le diagnostic : les poumons affaissés, la clavicule gauche cassée, plusieurs côtés fêlées, une multitude de contusions sur tout le corps mais, étonnamment, aucune hémorragie interne, la colonne vertébrale n'a pas été touchée et les jambes sont intactes. Tous s'entendent pour en conclure que c'est miraculeux ! « Il faut croire que, finalement, j'ai été bien chanceux dans ma malchance.

« J'étais hanté par la peur de mourir, la peur d'avoir un autre accident. »

Le plus difficile, c'était mes poumons affaissés. Ça ne se replace naturellement que petit à petit, avec le temps. J'avais beaucoup de difficulté à respirer.

Ça m'a pris un bon mois avant de pouvoir prendre de bonnes respirations. Me coucher et me lever était très pénible. Me laver était aussi très difficile car j'avais du mal à bouger les bras et le haut du corps à cause de la douleur. Je suis demeuré quatre mois en arrêt de travail. J'ai également consulté une psychologue environ un an pour soulager le choc post-traumatique.

J'étais hanté par la peur de mourir, la peur d'avoir un autre accident du genre sur la route, et il fallait que j'apaise tout ça. Je n'avais pas pleuré au moment de l'accident, mais là, avec la psychologue, j'ai pu laisser sortir mes émotions et pleurer m'a fait de bien. »

Et la vie continue...

Ça va beaucoup mieux aujourd'hui. Michael a pu reprendre la conduite quatre mois après l'accident. Mais sa vie ne sera plus jamais la même. Maintenant, il a toujours cette crainte qui l'habite, dans un petit recoin de son subconscient. « Je

faisais déjà très attention sur la route, je peux vous dire que je fais deux fois plus attention maintenant! Mais je garde aussi quelques souvenirs émouvants de cet accident. Je demeure très touché par toute l'énergie déployée autour de moi ce jour-là pour organiser mon sauvetage.

J'ai entre autres revu l'ambulancier de Paramédic qui est demeuré avec moi tout le temps que j'ai été coincé sous le bloc et ça m'a fait plaisir de voir enfin son visage. Je n'avais conservé de lui que le timbre de sa voix. Je remercie encore tous ces gens, ils ont tous été extraordinaires. Ce jour-là, malgré ma malchance, j'ai été béni des dieux. Mais je peux vous assurer que cet accident reste pour moi une expérience de vie que je ne veux jamais revivre!»

CONCLUSION

« Il n'y a que deux façons de vivre sa vie :
l'une en faisant comme si rien n'était un miracle,
l'autre en faisant comme si tout était un miracle. »
Albert Einstein

Les miracles existent-ils vraiment ? Dieu et ses saints en sont-ils les véritables et seuls prodigues bienfaiteurs ? Ou ces faits inexpliqués ne sont-ils que le résultat d'une force exceptionnelle de la pensée ? On dit qu'à lui seul, le frère André aurait jusqu'à maintenant accompli plus de 125 000 guérisons miraculeuses connues. Plusieurs autres n'ont probablement pas été répertoriées. Un nombre impressionnant d'autres histoires du genre peuplent les annales des publications religieuses et les archives des lieux de pèlerinage, sans compter tous ces faits déconcertants ne jouissant pas d'une signature divine qui nous étonnent tout autant par leur inexplicable dénouement. Ce livre encouragera-t-il l'espoir heureux qu'on puisse survivre à des dangers imprévus, suscitera-t-il un nouvel engouement pour la prière ?

Nous portera-t-il à aller cueillir la fameuse eau de Pâques[29] qui, dit-on, protégerait contre les intempéries et la foudre, éloignerait les mauvais esprits, les malheurs et les accidents mortels, guérirait la fièvre et tous les problèmes de peau… ? Ou à porter secrètement sur soi une médaille bénite de sainte Anne, du frère André, de la Vierge Marie ?

Quelque 83 % des Québécois croient en Dieu, et 62 % d'entre eux croient aux miracles. Parmi les jeunes de 16 à 35 ans, 70 % croient en Dieu et 58 % aux miracles[30]. Ce n'est donc pas demain qu'on va cesser de croire, qu'on va délaisser les pèlerinages, qu'on ne montera plus les marches de l'Oratoire Saint-Joseph à genoux.

«Ta pensée est une étincelle miraculeuse. Tout ce que tu peux imaginer, tu peux l'obtenir, le créer, le rendre vrai», a déjà écrit l'auteur français Olivier Lockert. Que l'on soit croyant ou non, il est évident que notre vie est largement habitée de faits extraordinaires, d'événements insolites et incompréhensibles qui font réfléchir. Et pour certains, cela contribue à leur faire croire que la vie vaut la peine d'être vécue. Les miracles ou, si vous préférez, les guérisons miraculeuses font assez parler d'eux pour que l'on s'interroge tous à leur sujet. À tel point qu'on puisse finalement, un jour ou l'autre, se poser cette inévitable question...

ET SI C'ÉTAIT VRAI?

REMERCIEMENTS

Merci à vous tous, qui m'avez confié vos histoires touchantes, étonnantes et miraculeuses.

Merci aux spécialistes qui ont ponctué ces pages de leurs connaissances scientifiques. Merci au docteur Roy, pour toute la documentation fournie.

Merci à Lucie, mon amie, pour tous ces contacts depuis la création de cette collection.

Merci à François Bernard pour ta petite enquête qui a porté fruit.

Merci à Anne Marie pour tes contacts et ta belle histoire.

Merci aux Pères Rédemptoristes du Sanctuaire Sainte-Anne-de-Beaupré.

Merci à sœur Frigon et sœur Demers des Sœurs de la Providence.

Merci à Jean-François Rioux, compétent archiviste de l'Oratoire Saint-Joseph, et à Jérôme Martineau, du Sanctuaire Notre-Dame-du-Cap.

Un merci tout particulier à la pédiatre et hématologue Yvette Bonny, vous êtes un cadeau de la vie pour tant d'enfants.

Merci à Johanne, tu es une éditrice divine, presque une sainte !

Merci à Paul, mon œil de lynx.

Merci à Sandy, pour ta créativité.

Merci à Nathalie, attachante attachée de presse.

Merci à toute l'équipe miraculeuse des Éditions Michel Quintin: cette collection-là, elle existe aussi grâce à vous tous.

Merci à Benoît, tu es mon miracle à moi.

Merci enfin à Clément, Micheline, Diane et René, je vous porte dans mon cœur comme une médaille miraculeuse!

CRÉDITS PHOTO

Couverture : Shutterstock

p. 5, 6, 8, 11, 12-13, 16, 17, 18, 19, 24, 26, 27, 56, 62, 63, 64, 69, 70, 72, 83, 86, 87, 88, 89, 92, 95, 100, 101, 105, 106-107, 113, 116, 117, 118, 120, 122, 123, 124, 127, 131, 136, 138, 140, 142, 143, 144, 146, 147, 149, 150, 151, 152, 154, 155, 156, 157, 158, 161, 162, 166, 168-169, 170, 173, 174, 176, 178, 179, 181, 182 (photo du haut), 188, 195, 199, 202, 209, 210, 212-213 : Shutterstock

p. 14 : Saint Ulrich Sculpteur Moroder Crédit anonyme

p. 20, 22, 23 : Gracieuseté du Centre Notre-Dame de la Salette

p. 28, 30, 32, 33, 35, 36, 37, 38, 39, 40, 41, 42, 43, 44, 45, 46, 50, 51, 52, 54 : Gracieuseté des archives de l'Oratoire Saint-Joseph

p. 58 : Gracieuseté des Sœurs de la Providence

p. 60, 65, 66, 68, 76, 78 : Collection personnelle Yannick Fréchette

p. 74 : Cité du Vatican

p. 80, 82, 84, 85, 86 : Gracieuseté du sanctuaire de Sainte-Anne-de-Beaupré

p. 94, 97 (pont) : Danielle Goyette

p. 97 (photo du bas), 98, 104 : Gracieuseté du sanctuaire Notre-Dame-du-Cap

p. 102-103 : Gracieuseté des archives du sanctuaire Notre-Dame-du-Cap

p. 108, 111, 114, 115, 126, 128, 132, 134 : Collection personnelle Yolande Laberge et David Marenger

p. 172, 182 (enfants), 184, 185, 186 : Collection personnelle Simon St-Hilaire

p. 191, 193, 196, 197, 198 : Collection personnelle Frédéric Patoine

p. 204, 206, 207 : Vincent Fradet photographe, Zone911.com

BIBLIOGRAPHIE

BOUFLET, Joachim. *Encyclopédie des phénomènes extraordinaires dans la vie mystique*, tome 1, Paris, Éditions Le jardin des Livres, 2001, 433 p.

BOUFLET, Joachim. *Une histoire de miracles, du Moyen Âge à nos jours*, Paris, Éditions du Seuil, 2008, 301 p.

CATTA, Étienne. *Le frère André et l'Oratoire Saint-Joseph du Mont-Royal*, Montréal, Fides, 1965, 1146 p.

CHARPENTIER, Laure. *Les saints méconnus*, Paris, Jacques Grancher éditeur, 1998, 222 p.

DELOOZ, Pierre. *Les miracles, un défi pour la science?*, Bruxelles, Éditions Duculot, 1997, 259 p.

DESROCHERS, Gérard. *La vie et le culte de sainte Anne*, Sainte-Anne-de-Beaupré, éditions Sainte-Anne-de-Beaupré, 2007, 88 p.

DESROCHERS, Gérard. *Les guérisons de la bonne sainte Anne*, Sainte-Anne-de-Beaupré, éditions Sainte-Anne-de-Beaupré, 2005, 211 p.

DUBUC, Jean-Guy, *Le frère André*, Montréal, Fides, 1996, 235 p.

GAGNÉ, Lucien et Jean-Pierre ASSELIN. *Sainte-Anne-de-Beaupré, trois cents ans de pèlerinage*, Sainte-Anne-de-Beaupré, éditions Sainte-Anne-de-Beaupré, 1984, 96 p.

LACHANCE, Micheline. *Le frère André, l'histoire du portier qui allait accomplir des miracles*, Montréal, Éditions de l'Homme, 1979, 414 p.

LAFRENIÈRE, Bernard. *Le frère André selon les témoins*, Montréal, Éditions Oratoire Saint-Joseph, 1997, 207 p.

LAURENTIN, René. *Les routes de Dieu*, Paris, Éditions O.E.I.L., 1983, 196 p.

NOLANE, Richard D. *Les saints et leurs reliques, une histoire mouvementée*, Beauport, Éditions MNH inc./Anthropos, 2000, 96 p.

SAINT-GERMAIN, Pierre. *Les miracles du frère André*, Montréal, Éditions Primeurs, 1986, 95 p.

NOTES

1. Adaptation d'un témoignage publié dans la revue *L'Oratoire*, numéro de janvier-février 2004, p. 18. Les noms des deux témoins ne sont pas publiés afin de protéger leur anonymat à la demande de la direction de l'Oratoire Saint-Joseph.

2. Joachim Bouflet, *Une histoire des miracles*, Paris, Éditions du Seuil, 2008, p. 10.

3. Certains écrits historiques le nomment également Ulrich.

4. Source : Pierre Delooz, *Les miracles, un défi pour la science ?*, Bruxelles, Éditions Duculot, 1997, p. 18.

5. Source : Joachim Bouflet, *Une histoire de miracles*, Paris, Le Seuil, 2008, p. 99.

6. Source : lettre aux chrétiens de Smyrne, de saint Ignace.

7. Les noms des prêtres ne sont pas donnés pour préserver leur anonymat.

8. Adaptation de l'article «Les cannes à saint Joseph», revue *L'Oratoire*, mai-juin 2003, p. 14.

9. Revue *L'Oratoire*, mai-juin 2010, p. 4.

10. Revue *L'Oratoire*, mars-avril 2008, p. 22.

11. Revue *L'Oratoire*, juillet-août 1989, p. 8.

12. La moelle osseuse est un tissu situé au centre des os qui est responsable de l'hématopoïèse, le processus physiologique permettant la création et le renouvellement des cellules sanguines. Cette moelle produit les différents types de cellules du sang dont les globules blancs, les globules rouges et les plaquettes. Il faut savoir que la moelle épinière, elle, désigne plutôt la partie du système nerveux

central qui remplit le canal rachidien, au centre de la colonne vertébrale.

13. La greffe de moelle coûte aujourd'hui près de 250 000 $ US si elle est pratiquée dans un hôpital américain.

14. Le taux moyen normal de globules blancs dans le sang est d'environ 4 500^6 à 5 500^6 par litre.

15. Rappelons qu'il faut toujours attendre un délai acceptable afin de s'assurer que la guérison est irréfutable médicalement.

16. Sources: Lucien Gagné et Jean-Pierre Asselin, *Sainte-Anne-de-Beaupré, trois cents ans de pèlerinage*, Sainte-Anne-de-Beaupré, éditions Sainte-Anne-de-Beaupré, 1984, 96 p.; Gérard Desrochers, *Les guérisons de la bonne sainte Anne*, Sainte-Anne-de-Beaupré, éditions Sainte-Anne-de-Beaupré, 2005, 209 p.

17. G. Desrochers, *op.cit.*, p. 32 et suivantes.

18. Source: site Web du Sanctuaire Notre-Dame-de-Beaupré (www.sanctuairesainteanne.org).

19. Source: *Rapport sur les activités pastorales au Sanctuaire de Sainte-Anne-de-Beaupré*, saison 2008, p. 46.

20. *Le cerveau mystique*, documentaire réalisé par Isabelle Raynauld, Office national du film, 2006, 52 min 15 s.

21. Mario Beauregard et Denyse O'Leary, *Du cerveau à Dieu*, Paris, Guy Trédaniel Éditeur, 2008, 350 p.

22. Source: site Web du Sanctuaire Notre-Dame-du-Cap.

23. Source de cette histoire : adaptation de l'article «Lève-toi et marche», d'Hermann Morin, revue *Notre-Dame du Cap*, numéro spécial 1950, p. 42 à 48. Gracieuseté des archives du Sanctuaire Notre-Dame-du-Cap.

24. David Marenger et Yolande Laberge, *Sur les ailes du papillon bleu*, propos recueillis et rédigés par Jocelyne Bélanger, Montréal, Éditions de l'Homme, 2010, p. 53.

25. *Ibid.*, p. 67.

26. *Le papillon bleu*, film de Léa Pool, avec William Hurt, Pascale Bussières et Marc Donato, Alliance Vivafilm, 2004.

27. D. Marenger et Y. Laberge, *op. cit.*, 172 p.

28. En parachutisme et en aviation, on utilise les pieds au lieu des mètres pour mesurer les distances verticales, car la mesure en pieds, plus courts que les mètres, est plus précise.

29. L'eau de Pâques est recueillie juste avant le lever du jour de Pâques dans les sources, les ruisseaux, les rivières, etc. L'important, c'est que ce soit de l'eau courante.

30. Source : sondage CROP 2002 commandé par Radio-Canada